商业模式测评

如何透析企业命运

李东◎著

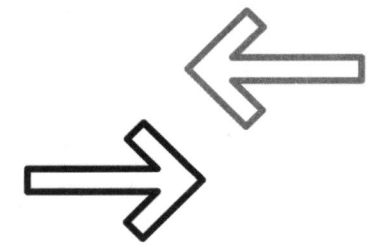

北京联合出版公司
Beijing United Publishing Co.,Ltd.

图书在版编目（CIP）数据

商业模式测评：如何透析企业命运/李东著. —北京：北京联合出版公司，2019.5（2022.3重印）
　ISBN 978-7-5596-3016-2

Ⅰ.①商… Ⅱ.①李… Ⅲ.①企业管理－商业模式－研究 Ⅳ.① F272

中国版本图书馆 CIP 数据核字 (2019) 第 048003 号

商业模式测评：如何透析企业命运

作　　者：李　东
出 品 人：赵红仕
选题策划：北京时代光华图书有限公司
责任编辑：李　红　徐　樟
特约编辑：陈海文
封面设计：零创意文化
版式设计：程海林

北京联合出版公司出版
（北京市西城区德外大街83号楼9层　100088）
北京时代光华图书有限公司发行
文畅阁印刷有限公司印刷　新华书店经销
字数136千字　787毫米×1092毫米　1/16　12.75印张
2019年5月第1版　2022年3月第2次印刷
ISBN 978-7-5596-3016-2
定价：68.00元

版权所有，侵权必究
未经许可，不得以任何方式复制或抄袭本书部分或全部内容
本书若有质量问题，请与本社图书销售中心联系调换。电话：010-82894445

自 序
再论关于商业模式的5个"为什么"

《商业模式测评》是我的商业模式系列专著的最后一部（前两部《商业模式原理》《商业模式构建》已分别于2014年和2016年出版）。我在第一部的自序里谈到了关于商业模式的5个"为什么"，分别是"为什么是商业模式，而不是其他""为什么是现在""为什么需要新的理论""为什么落后者、边缘者尤其需要关注商业模式"及"为什么商业模式总是'说易做难'"。在第一部作品出版之后的几年，这个世界已经发生了巨大的变化，而这些问题仍然是有意义的。但关于这5个问题的答案需要与时俱进，在这个风云变幻的时代，再次审视思考这些问题不仅必要，而且意义比以前更加重大。

一、为什么是商业模式，而不是其他

进入21世纪以来，在经济、社会、科技及政治等各方面因素的影响和作用下，我们所处的世界发生了广泛而又深刻的变化。构成这些变化的，有好的因素，例如层出不穷的科技发明，这些科技成就一方面将人类各种梦想变为现实（如跨出地球迈向太空），同时又刺激着人类实现新的梦想（如根治癌症）。但坏的因素似乎更多：美国频繁爆发的经济危机，欧洲债务危机和持续经济低迷，日本经济长期低迷，全球环境恶化问题，中国的社会公平问题、经济结构调整与可持续发展问题，都反映出"动荡"和"危机"是当前全球社会基本面的特征写照。

那么，在这样的挑战面前，为什么是商业模式而不是其他的策略措施，可以成为当今世界拯救企业、应对预见性危机的关键"药方"呢？核心线索就在于商业模式的特定功能。作为企业专有的利润支撑系统，商业模式构成了企业特有的专属运营环境，这个环境为企业决策者、投资者及其他利益相关者提供了关于该企业的某种预见性，这种预见性又导致各类影响和决定企业未来的行动，进而决定企业的发展状况。

美国哈佛大学管理学家霍华德·史蒂文森（Howard H. Stevenson）在《以预见创造未来》一书中提出：人类进化的基础，是其"预见未来"的能力，当人类在对未来的预见性方面受到侵害时，往往就处在了"进化"还是"灭亡"的十字路口。显然，席卷全球的政治、经济及至文化意识形态方面的动荡，把当代人类再次置于"预见性危机"或"预见性挑战"的面前。

预见性挑战深刻改变了市场游戏规则，以及企业间竞争的形态。从微观组织角度看，全世界各种各样的公司组织和其他形形色色的机构，都受到了前所未有的"不确定性"冲击。在企业家们看来，应对经营问题并不是最头疼的问题，事实上，这就是他们生活的一部分；捉摸不定的市场起伏，层出不穷的新游戏规则才是让他们无所适从的根源所在。在全世界范围内，不论是岸上的旁观者，还是海中的搏击者，人们从未像今天这样，在越来越短的时间间隔中，既目睹一幕又一幕起死回生的青春焕发，以及一夜成名的英雄故事，又眼见一次又一次轰然倒塌的巨人没落，以及昙花一现的流星闪烁。面对光怪陆离、眼花缭乱的悲喜剧情，企业家、学者、政府人士、金融投资界、各种社会团体等，在经历了惊恐、茫然等一系列本能性反应，以及思索基础上的试探、调整之后，形成了什么样的看法、观念和应对性策略呢？简单统计归纳之后，我们发现：面对由动荡引发的预见性挑战，有一个词明显占据突出地位，这就是商业模式。著名的IBM管理研究院在2003年所做的一份全球调查表明，获得突出财务业绩的公司对商业模式创新的重视程度是低业绩公司的两倍。

哈佛大学创新管理权威克莱顿·M.克里斯滕森（Clayton M. Christensen）等人在总结20年的企业实践基础上，引用高能资本的观点提出：当人们热衷于新技术本身时，这一技术的商业化通常会以失败告终；而当人们关注商业模式的品质和功能时，新技术的商业化进程良性发展的可能性将显著增加。

作为当今对商业模式最有研究的学者之一，克里斯托弗·祖特（Christoph Zott）教授对近20年世界主要发达国家对商业模式的研究、观察情况进行了颇为系统的归纳。他指出：进入新世纪以来，商业模式成为摆脱企业困境途径中议论最多的话题之一。他还进一步归纳，认为在管理实践与理论探索双重驱使下，商业模式研究近年来呈持续上升状态。统计表明：从1975年至2000年，各类管理文献中使用"商业模式"一词的有1729篇，而其中只有166篇是在1975—1994年发表的，年均11.8篇，剩下的1563篇均发表于1995—2000年，年均312.6篇，是前一阶段的26.5倍！ 2001—2009年，对商业模式的研究延续了这种爆发式趋势，这表明，商业模式已成为新经济时代最重要的管理问题之一。

在此需要再次强调：商业模式真正刻画的，就是企业的利润支撑系统。好的商业模式，意味着更显著的利润潜力，这不仅可以为企业决策者提供关于未来的良好预见，还可以刺激或诱导决策者提出更合理的战略措施，使企业所实施的经营策略获得更理想的回报。

商业模式在企业战略和企业绩效之间，发挥着"调节效用"，正是由于这种调节效用，商业模式在排除环境不确定性方面，发挥着重要和不可替代的作用。在这方面，人们已经获得了越来越多的证据。

首先，在商业模式如何克服技术创新风险方面，亨利·伽斯柏（Henry Chesbrough）等人以施乐公司（Xerox）的技术创新应用为例，分析了商业模式的作用。他们发现，商业模式在作为投入的技术创新与作为产出的经济成果之间，发挥着重要的支撑作用。合理的商业模式将极大降低技术创新应用过程中蕴含的不确定性，使技术创新隐含的价值最大程度得到释放。瓦莱丽·切奈尔（Valerie Chanal）等人则以 4G 技术应用为例，发现在颠覆型创新中，商业模式可以为新技术的应用提供所谓的剧情效应（Scenario Effect）。在他们看来，商业模式由于在一系列条件或准则（Criteria）上进行了专门安排，因而可以最大限度地降低不确定性，挖掘新技术所具有的潜在价值。

其次，在非技术创新方面，学者 C. 泽洛斯（C. Seelos）和 J. 梅尔（J. Mair）、汤普森（J. D. Thompson）等人，分析了商业模式在社会福利事业，例如贫困援助、落后地区医疗改善等社会事业创新中所具有的作用。他们认为，精心设计的商业模式可通过一系列要素安排，使项目环境趋于明确，从而可确保创新型项目的健康、持续发展。

还有一些学者，虽然他们没有使用"商业模式"这个词汇，但使用类似或相近的概念，揭示了类似的功能效应。例如，英国著名的产业组织学者杰克比亚（Jacobia），在分析新技术应用可能为企业带来的收益时就指出，除了新技术本身的属性以外，一种所谓的产业架构（Industry Architecture），对建立在新技术应用基础上的价值获取将产生重要影响。仔细分析他的产业架构概念可以发现，该概念与商业模式的结构存在许多关键性相似。再比如，以《蓝海战略》这本书闻名全球的哈佛管理学家 W. 钱·金（金伟灿），在揭示现代企业如何在严重的恶性竞争中找到重生之路时就指出，企业为获得持续的竞争优势，有两条道路可以选择：一条是在给定的产业结构中优化、巩固自己的独特位置，也就是坚持所谓结构思维；另一条道路则是通过重塑产业结构（Reshaping Industry Structure）来获得新的生存与发展空间。金所定义的产业结构，无论是其功能特征还是组成要素，都与商业模式有密切的联系或相似性。

总之，商业模式之所以成为新时代管理的焦点，原因就在于商业模式所具有的特定功能：创造一种新的、有利于企业预见未来，并能支撑企业高效完成价值创造与价值获取过程的运营环境。这个结构化的运营环境也就是企业的利润支撑系统由若干功能板块组成，其基本材质则是各种规则，在这些规则的共同作用下，商业模式使特定的顾客价值创造和企业价值获取得以持续和重复。而企业价值的重复获取，就意味着一定规模的利润潜量，这个利润潜量将影响人们（尤其是投资界）对企业未来业绩成长的预见性，由此影响投资者认同和人才认同，这种连环认同将决定企业截然不同的发展轨迹。

二、为什么是现在

好的商业模式可以降低企业经营的不确定性，提高企业决策者预见未来的准确性，并促进顾客、投资者、人才等对企业发展的嵌套认同，这在任何时候都是有重要意义的。但为什么这种意义在"现在"具有特别重要的价值和必要性呢？

我们可以用一句话来解释这个问题：现在的商业世界与10年前相比，最大的不同就在于不断加快的节奏。在充斥着快速旋涡的商业世界中，商业模式是企业寻求新秩序、摆脱包括速度陷阱在内的种种危机的重要途径,甚至是唯一途径。

2002年,著名管理学家哈里·G.巴尔克玛(Harry G. Barkema)、乔尔·A. C.鲍姆(Joel A. C. Baum)、伊丽莎白·A.曼尼克斯(Elizabeth A. Mannix)等,在国际顶尖的管理研究杂志《管理学术杂志》(*Academy of Management Journal*)上,发表一篇名为《新时代的管理挑战》("Management Challenges In a New Time")的论文。该文在开头就直截了当地指出:在新时代,我们这个世界不再以第一世界、第二世界和第三世界来划分,也不以发达国家和发展中国家来区分,而是分割为"快速的世界"和"慢速的世界"。进入21世纪以来,由于两个宏观因素的刺激,产生了全新的企业组织环境,并由此引发了一系列前所未有的管理挑战。这两个宏观因素,一是以数字技术为基础的网络社会的形成,二是建立在制度创新基础上的区域经济共同体和全球市场开放。这两个因素催生了"分布式价值链",也就是全球范围的新型专业化和企业间的精确协同。新型专业化,使得企业可以更加专注于特定领域的运营,其技术、工艺、管理等方面的升级步伐由此加快,导致"快鱼吃慢鱼"的现象,为避免被赶上和被淘汰,各个企业陷入疯狂的速度竞争,"速度陷阱"由此产生。在这样的情况下,越来越多的企业开始认识到,在现代社会,传统的经营理念、管理策略、战略措施,多半只是饮鸩止渴的虚假自救。要想摆脱快速发展产生的迷茫和"速度陷阱"带来的致命威胁,企业就必须从旋涡中脱离出来。不仅如此,企业还必须构建一种有利于自己的局部环境,在相对平静的氛围中,完成价值创造和价值获取。这个平静的氛围，就是每一个卓越的商业模式可以为企业创造的效果。

在今天这个到处布满快速旋涡，到处都是"迷雾"的商业世界中，商业模式作为一种创造净土的利器，具有比以往任何时候都更为紧迫的意义和价值。

三、为什么需要新的理论

我们先澄清一下这个问题的含义。这个问题实际上有两层意思：第一层，商业模式理论（如果存在这个理论的话）与人们处理企业经营管理问题的既有理论，如市场营销理论、竞争战略理论等相比，是否有其内在的差异性，以至于需要在这些理论之外，构建新的商业模式理论？第二层，在现有的商业模式理论之外，还需要新的理论吗？对于这两个问题，答案都是肯定的。

首先，由于商业模式的特定功能，导致商业模式的结构也有一个显著的特点，这就是：商业模式结构所涉及的因素，跨越了现有经济与管理理论的经典分界，它既涉及宏观和中观因素，又涉及微观组织因素。也就是说，处理商业模式问题（包括设计方法、构建策略、重塑策略、评估方法、诊断工具等）所需要的理论，不在任何一个已有的经济学与管理学理论范畴之内。这也是创新管理权威蒂斯教授（David J. Teece）、祖特教授等人强调商业模式"必须成为独立的研究单元"的原因。

其次，对商业模式问题，虽然已经产生许多包含真知灼见、极具价值的理论成果，但总体而言，关于商业模式问题的研究，目前全世界，包括中国在内，都还处在起步阶段。祖特等人发现，学术界迄今仍未在"什么是商业模式"这个基础问题上达成一致。他们注意到，研究者经常出于特定的研究目的界定商业模式，由于目的不同，这些商业模式概念往往难以协调。因此很少有一个管理概念像商业模式这样引起如此广泛的关注，而又如此缺乏一种共同和广泛接受的话语体系，来衔接与整合不同视角、不同内容的商业模式研究。

显然，目前形成的理论探索成果，依然远远落后于实践需要。现实迫切需要更具说服力、更具策略支撑价值的理论，来解决管理者在商业模式构建、创新、评估、诊断等方面所面临的巨大挑战。

四、为什么落后者、边缘者尤其需要关注商业模式

这个问题与前面第二个问题有一定联系。我们已经知道，构建好的商业模式，是当前这个世界的企业，摆脱速度陷阱，跳出快速旋涡的重要途径。人们还应该知道的是，就摆脱速度陷阱、快速旋涡而言，商业模式对市场中的领先者和落后者的意义，其实是不均等的。对于领先者而言，商业模式可以帮助它们避免陷入速度陷阱，获得持续发展的机制保障。而对落后者而言，商业模式除了具有这一作用以外，还是实现超越的重要手段。直观地说，如果在现在的市场舞台上，落后者被挤到舞台边缘，并且在

现有的内外部条件下，该企业基本没有机会再挤到舞台中央，或者能够让企业感到舒适的位置，那么，换个舞台去扮演自己期望的角色，就是落后者唯一的选择。这就回到了我们的主题，为什么落后者、边缘者尤其需要关注商业模式呢？因为选择和应用一种商业模式，就是确定了企业在其中开展活动、取得回报的市场舞台，改变或创新商业模式，就是实现企业转换舞台的直接途径！

五、为什么商业模式总是"说易做难"

这是五个问题中最大的一个，我们放在最后谈。在描述和回答这个问题之前，我们有必要先关注一下与此问题有关的现象。

现象一：传统经济的衰落与对虚拟经济的诅咒

中国经济在过去10年进入了一个结构调整阶段，传统的不包含互联网因素的经济，由于商业模式落后、产品研发乏力、同质化竞争激烈等因素，出现了严重衰落，导致这个经济的一些内外人士的焦虑与愤怒，这些焦虑和愤怒的相当部分又转向了对所谓虚拟经济的指责甚至诅咒，在不理智情绪及有关知识、信息的严重缺乏情况下，有人简单地将并不真实严谨的所谓虚拟经济归结为一种商业模式，并把它和以传统制造业为代表的经济对立起来。这种关于商业模式的"不知所云""张冠李戴""任意为之"的认知方式严重阻碍了对商业模式本质、商业模式创新等重要问题的理论研究与实践探索，迄今仍然对思维澄清和实践发展制造着种种障碍。

现象二：创业板上市公告中的商业模式描述

继主板、中小板之后，我国第三个证券交易市场——创业板市场于2009年拉开序幕。我国的创业板市场除了在市场功能、上市募资对象、市场管理等方面与主板、中小板等交易市场明显不同，在上市条件、审核管理方面也有一个显著特征：首次公开募股（IPO）所要求的招股说明书中，均要求披露拟上市企业的商业模式。一时之间，商业模式成了形形色色拟跨越上市募资这一"龙门"的企业，购买上市"门票"的必备条件之一。于是，人们看到了许许多多、形式内容各异的商业模式符号：或华丽光彩，或内敛含蓄，或直白轩昂，或半掩真面……。这个现象很容易使人产生这样的感觉：商业模式就像长期深藏在地下的幽灵，似乎一夜之间，就脱胎成漫天飞舞的凤凰。

现象三：给标杆企业所贴的"粗糙"标签

在中国经济高速发展、产业结构转型升级的大背景下，我国经济各个领域的新旧企业推陈出新，市场竞争造就了一场大浪淘沙。为应对挑战，迎接机遇，许多企业在加大应对力度，采取各种措施的同时，也开始特别关注、学习，进而模仿成功企业的做法经验。而各种咨询、培训、教育机构，以及政府职能部门，出于不同目的，也加入了这一"比学赶帮"大合唱。在这一大合唱中，人们最喜欢或者说最自然使用的一个词，就是商业模式。"商业模式"成为许多标杆企业取得领先的一个统括性解释。尽管我们原则上同意商业模式的确是现实世界中，许多企业取得创新成功或成功实现重塑的主要因素，但在许多人的口中，商业模式显然具有不一致的含义，尤其是当许多人无法清楚地判明标杆企业的成功因素时，商业模式俨然成为最后的解释因素。这与管理学家发明的"路径依赖"概念有相似之处：成功企业的业绩和能力，是由其发展、成长历程的特殊性所决定的，至于这种特殊性的内涵究竟是什么，人们往往没有那么在意。简单地说，商业模式成为旋转的商业世界中，人们给成功企业（哪怕是一时成功的企业）贴上的一个"粗糙"的标签。

现象四：创业大赛中的"出彩一节"

随着创业教育的深入，我国大学生创业大赛也成为大学生参与实践的一种重要方式。在创业大赛所需提交的创业方案书中，商业模式也成为一项必备内容。这些林林总总的商业计划书中关于商业模式的描述，包含有真正体现商业模式构想的信息，但更多是为传统财务分析、企业组织设计、营销策划等内容戴上了商业模式的面具。

上述这些现象和其他一些我们未作描述的现象，给人一种突出的感觉，好像关于商业模式问题，只要人们愿意就能尽情挥洒、自如陈述一样。然而，通过真正系统、细致的观察可以发现，尽管越来越多的企业家均趋向于同意这样的观点，即商业模式是摆脱严重困境，或创造新世界的重要途径，但不论商业模式优化、构建，还是创新，其难度和风险，要比人们想象的大得多。

这样的观察结论和上述典型现象并存这个事实，导致我们要回答第五个问题。我们从两个方面来解释有关的原因。

首先,为什么商业模式说起来容易?从理论和实践情况看,至少有三个方面的原因。

第一个方面,商业模式理论研究的阶段特征,使得关于这个问题的观点表达存在很大的自由空间。我们知道,任何一种理论的产生,都要经过从混沌到有序的过程。在混沌阶段,大家都注意到特定的问题或现象,大家都同意该问题与某个核心概念密切相关。大家都在探索运用这个核心概念,建立自己的理论体系和策略体系,但研究视角不同、目标定位不同、基本逻辑不同,导致这一阶段概念体系各自定义、理论框架各不统一,甚至对问题的界定也可能不完全一致。在这一阶段,由于没有建立起较为严谨、明晰的理论架构和概念体系,一个有价值的理论体系所需的统一语言和约定逻辑也未形成。更重要的是,一种公认的关于新理论、策略的严谨性、合理性的检验标准尚未建立,因此,围绕商业模式这个大问题,产生新观点、新理论的成本就很低。在这种百花齐放、百家争鸣的土壤或氛围中,商业模式问题比较容易"上口",短时间内各种理论漫天飞舞,也就毫不奇怪了。

第二个方面,商业模式结构的复杂性,导致许多研究具有明显的局部性。我们已经大致了解,商业模式的特定功能在于其"环境约束效能",为了实现这样的特定功能,商业模式事实上具有一个复杂的结构要素体系。但正是其结构的复杂性,容易导致商业模式研究中的局部性。也就是说,很多针对商业模式的研究,实际上仅仅探讨的是商业模式的某个局部,或某个层次的问题。例如，在商业模式对企业绩效的影响方面，大多数研究其实分析的仅仅是商业模式构成要素中某一类构件（如合作网络，或者顾客价值主张等）对企业绩效的影响。局部屏蔽了关联性影响的商业模式研究，当然是相对容易的。

第三个方面，企业家心态与"模式咒语"。这是关于"说易"的一个较为有趣的解释。当我们说"商业模式说起来容易"这句话时，还有一个来自现实的特殊场景原因：一旦企业家认识到，自己的企业需要从根本上调整经营思路，或者需要高效扩展其新业务时，他们往往特别偏爱使用"商业模式"一词。我们的解释是：这与"模式"这个词的某些特定含义有关。简单地说，"模式"一词是和"可复制性""可推广性""可学习性"等密切联系在一起的。按照哈佛学者马克·W.约翰逊（Mark. W. Johnson）等人的说法，流程、规则、标准等具有行为导向性的安排，是商业模式的基本构成元素。通过这些元素安排，企业可以有效复制其核心业务，实现快速扩张。另一位著名商业模式研究者查尔斯·巴登－富勒教授（Charles Baden-Fuller）也认为，商业模式就其本意而言，含有"标志"的含义，因此，对企图学习、模仿他人优秀经验的企业来说，关注标杆企业的商业模式，并由此掌握取得竞争优势的途径，也是合乎其本能的事情。我们称此为企业家的"模式咒语"。

其次，为什么商业模式做起来"难"？

就目前的研究与实践情况看，同样也存在三方面较为明显的原因。

第一个方面，商业模式的结构特殊性。商业模式的构成，从功能板块角度看，可以划分为顾客价值主张、外部合作网络、盈利模式等。但从构成要素的属性角度看，商业模式可以看成是由主观要素——企业家创意，以及客观要素——对企业内外部利益相关者的行为具有约束效果的各类规则这两个层面所构成。一旦我们把商业模式看成是特定的规则集合，那么就不难发现，这些规则的来源或者说其"出身"均有所不同。构成商业模式的某些规则，是由企业精心策划、设计、构建出来的，例如企业内部的流程衔接制度、产品的质量控制标准、针对顾客的售后服务规则等。但是，客观上作为商业模式构成要素的另外一些规则，并不是由企业自身的努力所创造出来的，企业只是利用了这些规则，使该规则成为其商业模式的一个组成部分。比如高附加值的生态农业产品＋体验服务业务，这类业务的商业模式所能支撑的经营业绩，是建立在国家对有关农产品绿色、无公害等标准的制定和执行规则基础上的，当这方面标准提高，且执行力度加大（对有农药残留物农作物流入市场的惩罚力度加大）时，上述业务的商业模式都会有意无意地利用这些由外部（如政府）发起的规则。我们把这种情况称为商业模式的结构的局部外部性。当企业"无意"中利用了某个或某些外部规则时，就导致商业模式对企业来讲，具有一定程度的隐蔽性。当事实上对企业经营产生影响的商业模式并不为企业所完全认知时，就会导致商业模式构建方面的盲目性和非可控性。约翰逊等人通过大规模调查发现，商业模式重塑的主要困难之一，就是许多企业高管人员对企业自身商业模式的认识、评估方面存在重大障碍。

第二个方面，商业模式构建或重塑过程的特殊性。迄今为止，绝大多数研究者均同意，商业模式是由若干功能性板块所组成，他们也都同意，这些功能板块彼此之间必须形成良好的匹配，以便商业模式产生最佳效能。然而，使商业模式达到这一境界的过程，却往往呈现典型的"非均衡"特征，也就是说，商业模式的成形，基本上是以局部突破—试验推进—板块定形—整体匹配—局部突破……这样的循环过程为其演进特征的。从局部突破导致的非均衡，到通过匹配形成均衡，商业模式构建在不同阶段，需要处理不同类型的问题，这就使企业家在驾驭商业模式构建、创新等实践上面临诸多挑战。

第三个方面，"做"商业模式的过程中，需要特定的智慧类型和知识管理才能。这一点，也是由商业模式结构的特殊性引起的。如上所述，商业模式的构成材质有两个层面：创意和规则。而构建这两个部分所需要的智慧类型有所不同：企业家关于商业模式的种种创意，往往是由灵感、直觉或嗅觉、突破性思维等所驱动的，与之相应的是所谓"右脑智慧"；企业家关于规则的设计与优化，需要理性、精确和严密，与之相应的是所谓"左脑智慧"。由此我们可以说，商业模式构建、重塑或创新，需要企业家的"左右脑协同驱动"。这里的智慧"协同"，不论对企业家个人，还是对企业高管团队，都是一个艰巨的挑战。它涉及企业家及其团队的知识、能力结构，团队沟通的效率，组织文化氛围等基础性因素。

由此可见，完善的商业模式构建，涉及克服商业模式结构外部问题，也就是商业模式构成材质的不可控性，涉及处理好演化过程中均衡与非均衡的微妙关系，也涉及具备左右脑协同驱动的特殊能力。这就是目前我们能够归纳出来的，商业模式"做"起来难的主要原因。

目录
Contents

01 为什么要测评商业模式

商业模式热潮 // 003

"红海"困境 // 006

转化困境 // 011

投孵困境 // 014

认知困境 // 016

02 测评什么

商业模式本质——企业的利润支撑系统 // 021

企业利润支撑系统的构成 // 024

商业模式的若干面孔——四维度模型 // 029

测评的总体目标和三个基本测评问题 // 045

03 商业模式类别测评

类别测评的价值 // 049

测评思路与方法 // 050

11 类特征商业模式的现实案例 // 059

04 商业模式的结构测评

结构测评目的与价值 // 077

测评思路与方法 // 078

21 个典型的要素商业模式 // 095

05 商业模式的强度测评

强度测评的目的与价值 // 157

商业模式的规则体系 // 159

商业模式的强度及其类型 // 166

06 测评总结与结果应用

商业模式测评的总体路线 // 173

测评结果的应用 // 179

01 为什么要测评商业模式

本章中你将了解：

- 商业模式热潮及其集中表现
- 反衬商业模式测评价值的四个困境

商业模式热潮

我在 2014 年出版的《商业模式原理》一书的正文开篇就以"事件：商业模式热潮的全球感知"为题，对体现商业模式热潮的标志性事件进行了归纳。我是这样说的[①]：

自从 20 世纪 90 年代以来，"商业模式"已成为全球各国财经界、政界、管理学术界、传媒界等最为关注的问题之一。进入新世纪以来，商业模式创新的实践活动和理论研究呈井喷趋势已有目共睹。

著名管理学家尼古莱·J. 福斯（Nicolai J. Foss）等人在 2017 年发表的一篇总结性论文更加概括地展现了这一热潮。他

---

① 《商业模式原理：解密企业长期盈利逻辑》，北京联合出版公司 2014 年 5 月第 1 版，李东著，003 页。

们分析整理了1972年至2015年全球主要研究刊物上发表的商业模式研究论文数量，如图1-1中最上端的粗黑线所示[①]。由图可见，自2000年以来，人们对商业模式问题的研究成果呈现出显著的"井喷"态势，大大超越了人们对组织创新（OI）、动态能力（DC）等传统主流问题的研究规模。我在《商业模式原理》《商业模式构建》中，对为什么2000年前后会成为商业模式研究与实践的"拐点"做了解释，概括地讲，是正反两方面原因：一方面，有助于或可刺激商业模式创新的条件出现了"井喷"，这些条件"井喷"的源泉就是互联网的普及；另一方面，传统企业由于过度竞争而普遍陷入困境，商业模式创新就成为摆脱困境的最佳选择。

随着研究与实践的深化，一个事实日渐明朗：商业模式问题的核心在于揭示其创新规律，从而支持创业家们的创新实践。这一要求的背后反映出另一个更为重要的事实：人们必须尽快掌握关于商业模式测评的知识与策略。原因很简单：当人们无法认清或评价一个事物时，就不可能对其采取任何有意义的行动。正如20世纪最伟大的管理大师德鲁克所说："如果你无法衡量它，你就无法管理它。"在越来越多的传统企业滑入恶性竞争陷阱时，如果一个企业不想让自己的运营陷入"博彩"规则，他们就必须掌握"看牌"的能力。

[①] Nicolai J. Foss, Tina Saebi, "Fifteen Years of Research on Business Model Innovation: How Far Have We Come, and Where Should We Go?", *Journal of Management*, Vol. 43 No. 1, January 2017, 200–227.

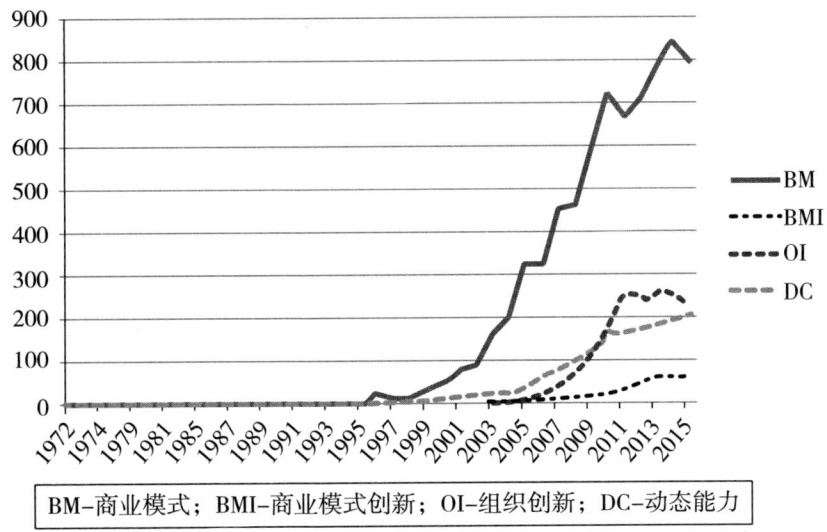

图 1-1　1972—2015 年全球商业模式研究的发展趋势

那么,商业模式测评的意义究竟有哪些?它到底有什么作用?理解以上问题比较好的方式,是倒过来审视,即这样思考问题:如果没有有效的商业模式测评,会有哪些后果?

我们会发现,人们将陷入几种困境而无法摆脱。

"红海"困境

两位著名管理学家W.钱·金和勒妮·莫博涅（Renee Mauborgne）在2000年提出了"蓝海战略"理论，其核心思想是：长期的产业竞争已经进入一个"死胡同"，在这个"死胡同"里，企业之间以价格战为基本手段互相"撕咬"，"撕咬"造成的"流血"可染红整个"海域"，这是一片无赢家的厮杀之海。两位学者提出：要想生存，就必须游离这个血腥的"红海"，进入"蓝海"区域。著名的"价值曲线"工具就是他们设计出来的"逃生之桨"。

此后不久，另两位管理学家克莱顿·M.克里斯滕森（Clayton M. Christensen）和迈克尔·E.雷纳（Michael E. Raynor）在2003年出版了一本至今仍有影响的专著——《困境与出路》。这本书的核心思想是："红海"是存在的，不仅如此，"红海"的区域还在不断扩大！为了摆脱"红海"，他们提出了极为激进的应对措施——破坏性创新。与价值曲线不同，破坏性创新强调通过完全颠覆现有的市场去挖掘全新的市场空间，而非价值曲线方法所推动的"基于惯例的有限改动"来摆脱死亡。而克里斯滕森的破坏性创新的核心，就是商业模式的重构或创新。这也是较早的对商业模式问题的关注。

然而此后的一段时间，人们并未对商业模式这一概念的复杂性形成应有的认识，很多人仅仅把它视为传统竞争战略的一个升级。事实上，正如竞争战略理论是对传统的企业运营理念的一次覆盖一样，商业模式理论与方法也是对竞争战略理论与实践的一次覆盖。

任何一个时代的企业经营都存在所谓的关键发展因素（Key Development Factors，缩写为 KDF），这一因素决定着企业发展的主要机会及企业应该重点解决的问题，由此也决定了成功企业必须具备关键发展能力。

我们大致梳理一下管理史上关于企业关键发展因素认知的几次划时代的更迭。

一、从生产效率到营销效率

在现代企业出现早期，市场即顾客需求是初级化的，具体表现为顾客主要在意的，一般是有和无的问题，由于工艺技术及管理水平的初级化，企业的供给范围普遍较小，这时，以生产线效率为主的局部效率就成为一个显著的关键绩效指标。在现代工商业初期，以科学管理为标志的局部生产效率成为左右企业发展的关键，而推动这种效率的生产管理（也叫现场管理）水平就成为企业的关键发展能力。

当企业的局部生产效率由于企业的学习、模仿及技术的发展而普遍提升时，这一因素就不再成为企业的关键业绩因素，取而代之的是营销活动的效率，"关键的局部"也就由生产环节调整到了营销环节。随之而来的是企业能力结构、关键资源、权力与控制体系的转化。这些转化就是对此前正确而当下已不合时宜的关键发展因素的覆盖，以挽救那些紧抱生产效率而陷入市场困境的企业。

二、从整体效率到整体差异

建立在生产效率和营销效率基础上的企业整体效率是工业经济中期几乎所有企业的关键发展因素，以日本企业为代表的所谓运营效率（Operational Effectiveness）将这种整体效率发挥到了极致。和局部效率时代一样，当大部分甚至全部企业均达到了这种生产效率边界时，这种整体效率就不再成为企业的关键业绩因素而只是一个维持生存的必要条件。

在这种情况下，取而代之的是整体差异性，也就是从有差异的市场定位出发，通过全面梳理企业的价值链，来实现有差异的定位。这时，竞争战略的优劣就成为新的关键发展因素。

三、从环境接受到环境控制

由竞争战略支撑的企业差异化导致一些企业据此取得了极大的发展。然而，任何一个有市场潜力的产业都会不断吸引新的企业加入，而原有的在位企业又要不断巩固自己的市场地位，其结果就是所有有利可图的市场被瓜分殆尽。差异化虽然是一种合乎逻辑的经营理念，但越来越多市场瓜分者的行动留给差异化的空间越来越小，这就导致了我们在本书开头呈现的"红海"现象，这一次出路在哪里？

不论是局部效率、整体效率还是整体差异，都认定企业的关键发展因素位于企业内部，而企业的外部环境是给定的，企业只能识别和利用这种环境，却无法改变这个环境。

事实上，在传统意义上的企业边界以内，或经营管理者的认知范围以内，人们已经很难再找到新的关键发展因素，这时，摆脱困境也就是解决问题的逻辑是十分简单的：既然内部不行，那么外部是否存在机会呢？答案是肯定的。企业虽然无法控制其所处的宏观环境，但对于一些重要的跨边界关系，企业不仅可以加以影响，甚至可以创造、创新。有商业模式专家指出，商业模式就是跨企业边界的关系组合。从这个意义上讲，我们看到了以真正摆脱"红海"为目标的又一次覆盖，即将企业的关键发展因素由企业内生的竞争战略，转化为跨边界（即局部外生）的商业模式。这种转变的内涵十分明确：既然给定的环境已经丧失了任何有利于自身发展的机会，那么自身就只能创造一个存在机会的环境并极大化利用这种机会，以此获得发展能量。

当我们在逻辑层面梳理上述覆盖的合理性与必要性时，较为敏锐的企业家已经开始了这方面的实践。然而，在人们对此充满期待时，实践却给出了令人悲观的事实：商业模式创新虽然成为全球企业家普遍认可的脱困之道，但其成功率却十分低下。克里斯滕森对此的解释是：大部分企业家之所以在商业模式创新上未能成功，主要原因在于他们不了解自己的商业模式是什么。

商业模式创新的意义不容置疑，但商业模式创新的难度又空前巨大，这里的一个主要原因，是人们无法对自己的商业模式形成正确、完整的认识。

在这里，我们看到了关于商业模式测评的第一个价值：

如果人们无法科学合理地测评商业模式，就意味着人们无法有效地利用、改进、重塑乃至创新商业模式，结果将是企业无法真正摆脱"红海"困境，无法获得新经济时代蕴含的无限生机。

转化困境

通过前沿科技成果转化促进战略新兴产业发展和产业结构升级，是供给侧改革的重要组成部分，无论是欧美发达经济体还是中国这样的发展中国家，对此无不极为重视。然而，通过科技成果转化形成并促进新兴经济体系所取得的进展远远低于人们对它所具有的期待。这里的关键问题是：人们对科技成果与产业化之间的隔阂始终未能找到有效的消除方法，导致这种浪费了巨大学科财富的转化困境长期存在。

事实上，科技成果转化是一个围绕知识产权在不同主体之间的转让、再加工和相应的商业化运营而形成的活动链，其实质是由不同主体参与的价值创造、价值传递、价值实现及价值分配行动，这些活动的协调、推进是通过特定的交易来实现的，而交易的前提是有关各方对作为交易物的科技成果的价值认同。在现有理论默认的科技成果转化系统中，无论是起始端的科技成果，还是市场终端的产品方案，其价值认同均被视为既成事实，这不仅与现实形成了巨大反差，也干扰了对转化问题的深入研究。任何科技成果的产业化价值，不仅仅是由这些成果自身的属性所决定的，无法单纯通过这些成果的先进性、可靠性等得到证明。在不同的商业模式下，同样的科技成果具有截然不同的产业化前景，也就是截然不同的内在价值。

进入21世纪以来，商业模式对新兴技术产业化的独特作用引起了人们的广泛关注。亨利·伽斯柏以施乐公司的技术转化为例，论证了商业模式对释放科技创新的市场价值所具有的独特作用；勒乌（P. Lehoux）等人研究了商业模式与健康技术研发的互动机制问题；约翰逊等人在总结美国高新技术产业化近20年的经验时指出，当人们过于片面追求高新技术本身时，创新往往以失败告终，而当商业模式创新取得成效时，技术转化项目成功的可能性会显著增加。

这方面最新进展是美国提出的概念证明中心计划（Proof of Concept Centers，缩写为PoCCs）。1998年，美国众议院科学委员会副主席弗农·艾勒斯（Vernon Ehlers）提出，政府资助的基础研究与面向市场创新的技术开发之间存在一条"死亡之谷"，导致科技成果转化存在系统性障碍。为此，美国研究型大学开始推行PoCCs这一新型组织模式，试图跨越"死亡之谷"。PoCCs的独特功能就是促进大学研究成果的溢出和商业化，这一模式的评估价值来自科技成果的商业价值，并通过设计、测试和检验来催化基于不同商业模式下的技术成果的产业化价值。

事实已经非常清楚：人们必须通过有针对性的商业模式设计、创新，来释放形形色色的科技成果的潜在价值。然而，如果我们无法有效地测评一个商业模式（哪怕是处于设计阶段的蓝图商业模式），就无法通过有效的试错与迭代最终完成商业模式的设计与实践。

在这里，我们看到了关于商业模式测评的第二个价值：

如果人们无法科学合理地测评商业模式，那么就意味着人们无法有效地设计、创新商业模式，结果将是人们无法摆脱科技成果转化中的"死亡困境"，社会进步将丧失一个极为重要的动力源泉。

投孵困境

众所周知，创业活动离不开创业投资和相应的投后孵化。与科技成果转化相呼应，当前世界上各个重要经济体都极为重视创业活动。

除了针对创业过程的投资行为，股权投资人在股票市场上的投资行为同样也是一种市场经济中的基础活动，这些活动虽然受微观利益驱使，但对于宏观范围的资源配置发挥着不可替代的作用。

稍有常识的人都知道，投资一个企业，跟购买一个物件差不多，都涉及对这个物件的估价问题。如果人们无法对一个物件进行放心的估价，那么这种购买行为就和赌博相差无几。

如果把创业企业或某个上市公司看成这个待交易的物件，那么，正确的估价方法就是人们进行投资的前提。

影响和决定一个企业价值的基本因素，就是其商业模式的属性，有人称之为"企业的质地"，这就是为什么我国创业板上市公司的招股说明书中通常需要含有关于该公司商业模式的说明。

但目前看来，大多数的商业模式说明都是似是而非的。同样的情况也普遍出现在一些初创的创业公司身上，它们尽管在各种路演中用各种形式标榜自己的商业模式，但在包括投资人在内的许多利益相关者看来，这里的商业模式描述往往不知所云。

由于缺乏对商业模式的必要理解，投资人即使冒险投资了某个企业，也难以对该企业进行正确有效的投后孵化，因为他们不知道如何针对该企业的关键发展因素进行针对性培育，即便该企业是有一定价值的投资对象，投后孵化的失败也足以导致整个投资无法实现应有的收益。

在这里，我们看到了商业模式测评的第三个价值：

如果人们无法科学合理地测评商业模式，将导致人们无法开展有效的股权投资和投后孵化培育行动，不仅使投资者的利益受到系统性伤害，更会使创业活动遭到严重的抑制，阻碍社会的健康发展与进步。

认知困境

著名管理大师德鲁克在阐述企业使命的含义时说过一句名言:"企业的本质在其外。"他的观点促使人们对企业的认识从单纯的内部考察,转向外部的环境视角。目前,大多数人对企业的分析与认知,还是局限在企业本身的,很多人所熟悉的竞争战略、价值链、动态能力、企业文化、流程变革等,都是从企业内部视角得出的管理理念、方法。

虽然这些理念、方法与工具依然重要,但它们已不再是企业的关键发展因素。换句话说,传统意义的内部视角无法使人们形成完整准确的企业认知。取而代之的是商业模式视角。

早在 2010 年,商业模式研究刚刚在理论界引起人们关注的时候,查尔斯·巴登 – 富勒和玛丽·S. 摩根(Mary S. Morgan)就提出:商业模式是人们用于描述和划分企业业态的理性手段。越来越多的研究者发现:真正了解了一个企业的商业模式,才算真正了解了这个企业。当我们无法做到这一点时,谁都无法否认,关于现代企业,我们陷入了认知困境。

在这里，我们看到了商业模式测评的第四个价值：

如果人们无法科学合理地测评商业模式，就意味着人们无法真正了解一个企业的本质，也意味着人们无法对企业发展、产业演化乃至经济周期等重要的理论问题开展真正科学的分析研究。

02 测评什么

本章中你将了解：

- 什么是商业模式的本质
- 企业利润支撑系统的构成
- 商业模式的四维度模型
- 商业模式测评的总体目标与三个基本测评问题

商业模式本质——企业的利润支撑系统

人们要测评一个东西,就必须彻底了解这个东西,为此,我们当然要从商业模式的本质入手,来逐一确认"测评什么"。此前包括我在内的众多学者对商业模式的本质、结构等问题开展了许多研究,但成果并不如人意,这也是迄今为止商业模式测评领域几乎空白的一个重要原因。下面我们就从商业模式的本质入手,揭开商业模式的若干面目,进而揭示商业模式测评的对象是什么。

一、关于商业模式的若干公理

在商业模式本质、商业模式结构(或构成)等问题上存在无法忽视的混乱,为了从根本上厘清问题,我们从得到普遍认可的关于商业模式本质的若干"公理"入手:

商业模式是企业持续赚钱的方式。——玛格丽塔,2010

商业模式包含顾客价值创造与企业价值获取方式。——克里斯滕森，2008

商业模式描述了企业如何创造价值、传递价值和获取价值的基本原理。——亚历山大·奥斯特瓦德、伊夫·皮尼厄，2010

可见，关于商业模式最直接，也最容易理解的定义是：它是指企业持续获利或持续赚钱的方式。我们接受并且也一直在使用这个定义。但当我们需要对商业模式本质进行梳理确认时，就需要在此基础上进行必要的理论加工。

二、企业利润支撑系统

实际上，从上述公理出发，我们可以得到关于商业模式本质的一个重要推论：商业模式实际上是指一个企业的利润支撑系统，也就是企业的利润潜力空间的来源依靠。世界上任何一个企业都有自己专属的利润支撑系统，即有自己专属的商业模式。

那么，利润支撑与持续获利这二者是什么关系呢？

其实，持续获利的准确含义就如字面意思一般，持续开辟利润源泉，而开辟利润源泉这一行为的实质，就是企业选择、利用一个理想的利润空间的行为。这里的"理想"，一是要尽可能的广阔（有三分机会的时候谁会追求两分的机会呢），二是这个源泉得是企业决策层的眼界智慧所能驾驭的（摸不清真实的东西谁敢去利用呢）。

因此，所谓获利方式就是指这个利润支撑系统的构成，后者决定并说明前者。

这样，如果说"商业模式就是企业持续获利或持续赚钱的方式"是一句正确的表述，那么更确切的说法就是"商业模式的本质就是企业的利润支撑系统"。

企业利润支撑系统的构成

企业获利的方式就是企业在创造顾客价值和获取自身利润方面所凭借的依据。换句话说,商业模式表达的是"企业凭什么持续赚钱"。

管理学信奉的一条因果逻辑是:企业之所以能够赚钱,是因为它为顾客创造了价值。不论为顾客创造价值还是为自己获取利润,企业都是通过相应的依靠或依据来实现的。

一、"凭什么"与利润支撑系统

人们做任何事情都是有所依靠或凭借,区别在于有些凭借比较高明,另一些则比较糟糕。这些凭借本身当然也反映了人们在做上述事情时的方式。

既然企业获利方式由两个环节构成,我们就可以得到关于利润支撑系统结构分解的逻辑路线:

企业获利方式＝顾客价值创造的方式＋企业利润获取方式

＝企业凭什么能够持续吸引其顾客（A）＋企业凭什么持续盈利（B）

企业凭什么能够持续吸引其顾客？（A）

企业凭什么能够持续吸引其顾客？或者说，顾客凭什么持续购买该企业产品？图2-1中的逻辑组合可以构成完美的也就是充分必要的回答，目标顾客之所以持续购买企业产品，是因为：

第一，顾客有某个必须满足的需求或需要解决的痛点（设为A1）。

第二，企业提供的场景方案能创造积极体验以持续吸引（设为A2）顾客，可以借以消除其痛点，满足其需求。

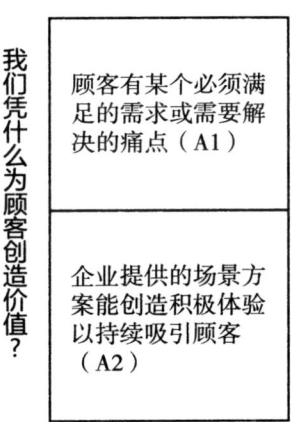

图2-1　企业凭什么创造"顾客蛋糕"

上述两个方面构成了企业创造顾客价值的充分必要条件，这两个条件也代表了企业在实现顾客价值创造方面的逻辑依据或逻辑理由。

企业凭什么持续盈利？（B）

和"企业凭什么能够持续吸引其顾客"时采取分解处理一样，我们给出可揭示"企业凭什么持续盈利"的完美逻辑组合，企业之所以持续盈利，是因为：

第一，我们能够持续产生销售收入（设为 B1），换句话说，我们在某个产出上的销售有价格保障（支付者愿意持续按此水平付费）。（见图 2-2）

第二，在既定产出规模下我们能够控制内部运营成本，也就是运营成本（设为 B2）。

第三，在既定产出规模下我们能够控制外部合作成本，也就是合作成本（设为 B3）。

我们能够持续以满意价格完成产出销售（B1）	在既定产出规模下我们能够控制内部运营成本（B2）	在既定产出规模下我们能够控制外部合作成本（B3）

我们凭什么为自己获取利润？

图 2-2　企业凭什么创造"利润蛋糕"

上述三个方面构成了企业创造自身价值，也就是获取利润的充分必要条件。同样，这三个条件也代表了企业在实现利润创造方面的逻辑依据或逻辑理由。

显然,如果我们把两类逻辑依据(理由)组合起来,也就是把公式中的加数 A 和 B 组合起来,就可以得到一个关于企业持续赚钱的逻辑依据的全貌(见图 2-3),这个逻辑依据组合就构成了商业模式的内涵模型。

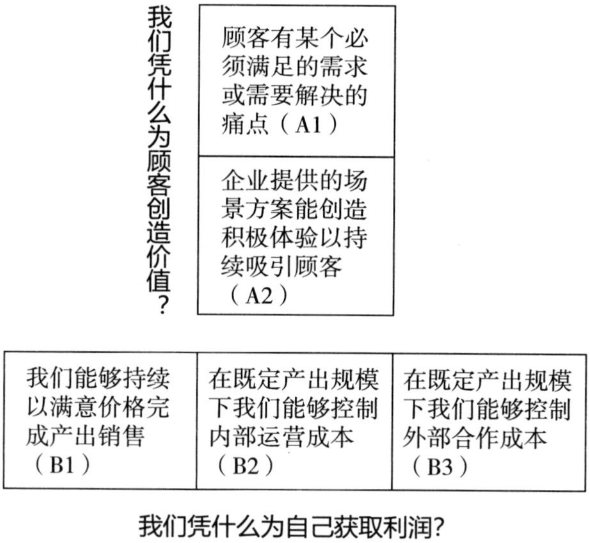

我们凭什么为顾客创造价值?	顾客有某个必须满足的需求或需要解决的痛点(A1)		
	企业提供的场景方案能创造积极体验以持续吸引顾客(A2)		
	我们能够持续以满意价格完成产出销售(B1)	在既定产出规模下我们能够控制内部运营成本(B2)	在既定产出规模下我们能够控制外部合作成本(B3)

我们凭什么为自己获取利润?

图 2-3 "凭借"视角的利润支撑系统构成

这五个前提条件,也就是五个方面的"凭借"构成了企业创造利润的支撑因素,从这个意义上讲,商业模式逻辑揭示了企业利润支撑系统的构造。利润支撑系统从形成之日起就影响着企业的利润潜力(或者说利润机会)大小。

二、作为容器的企业利润支撑系统

我们可以把图 2-3 中由两类"原料"形成的两个价值蛋糕分别"折叠",形成作为一个矩形容器的两个组件(见图 2-4)。

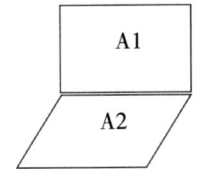
(a)折叠起来的顾客价值板块

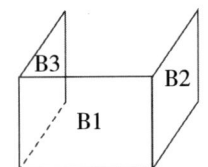
(b)折叠起来的企业利润板块

图 2-4 构成商业模式的两个价值"组件"

当我们把上面提到的两个容器组件叠加在一起的时候,就看到了图 2-5 所示的利润支撑系统全貌。

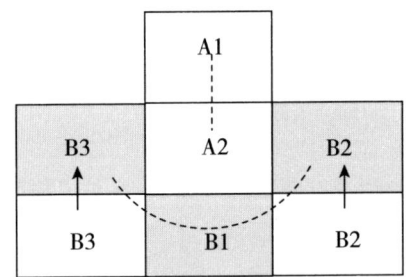
(a)两个板块叠加构成商业
模式五个功能板块

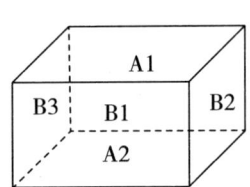
(b)五个功能板块折叠形成了容器
结构的利润支撑系统

图 2-5 商业模式的"容器"结构

商业模式的若干面孔——四维度模型

利润支撑系统从构思、设计、板块构建到总体完善以至最终成形,就展现为不同面目的商业模式。这里,有四个面目是最为典型的,如图2-6所示,分别是蓝图商业模式、要素商业模式、规则商业模式和特征商业模式。

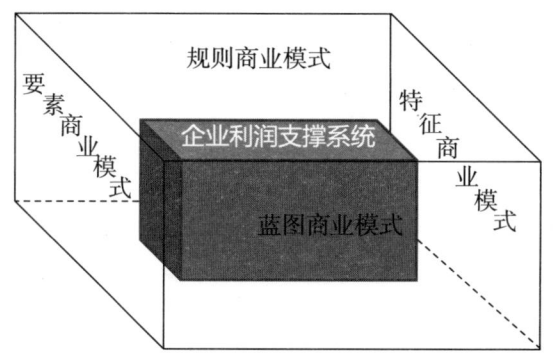

图 2-6　展示利润支撑系统不同面目的四种商业模式

总体讲,蓝图商业模式表达的是企业想如何获利;要素商业模式表达的是企业事实上是靠什么样的要素获利的;规则商业模式表达的是在企业获取利润的全部过程中各种关系是靠哪些规则来维系的；而特征商业模式则表达了企业的基本经营属性，也就是业态类别。

一、蓝图商业模式

在各种不同的商业模式面孔中，蓝图商业模式是最为常见的一种。大多数学者（包括很多实践者）都是从蓝图层次来研究和阐述商业模式的。这种研究通常都是这样阐述商业模式的——

瑞士学者亚历山大·奥斯特瓦德（Alexander Osterwalder）和比利时学者伊夫·皮尼厄（Yves Pigneur）在他们合著的《商业模式新生代》（*Business Model Generation*）中写道：

任何一次关于商业模式创新的讨论、会议或者专题研究，要想取得良好的效果都应该在开始时就"究竟什么是商业模式"达成共识。我们需要每个人都能理解的商业模式定义，以便于描述和讨论。

接下来的篇幅中我们提供一个关于商业模式的框架，……我们相信通过9个基本构造块就可以很好地描述并定义商业模式，它们可以展示出企业创造收入的逻辑。这9个构造块覆盖了商业的4个主要方面：客户、提供物（产品/服务）、基础设施和财务生存能力。商业模式就像一个战略蓝图，可以通过企业组织结构、流程和系统来实现它。

9个构造块（Building Blocks）：

（1）客户细分　企业或机构所服务的一个或多个客户分类群体。

（2）价值主张　通过价值主张来解决客户难题和满足客户需求。

（3）渠道通路　通过沟通、分销和销售渠道向客户传递价值主张。

（4）客户关系　在每一个客户细分市场建立和维持客户关系。

（5）收入来源　收入来源产生于成功提供给客户的价值主张。

（6）核心资源　核心资源是提供和交付先前描述要素所必备的重要资产。

（7）关键业务　……通过执行一些关键业务活动，运转商业模式。

（8）重要合作　有些业务要外包，而另一些资源需要从企业外部获得。

（9）成本结构　商业模式上述要素所引发的成本构成。[①]

亨利·伽斯柏在其著名的《开放型商业模式：如何在新环境下获取更大的收益》一书中这样阐述：

[①]《商业模式新生代》，机械工业出版社，2011年8月第1版，亚历山大·奥斯特瓦德、伊夫·皮尼厄著，王帅、毛心宇、严威译，第5-7页。

……让我们弄清楚"开放式商业模式"到底意味着什么。商业模式履行两种功能：创造价值和获取价值。在整个过程中，商业模式通过定义一种从原料到终端客户间的一系列活动来创造价值，这些活动过程会产生经过不同经营活动增加了附加价值的新产品和服务。商业模式通过在上述一系列活动中建立唯一的资源、资产或竞争优势的地位来获得价值。[①]

2008年美国《哈佛商业评论》刊登了一篇由美国创新与战略咨询公司（Innosight）董事，上文提到的约翰逊和克里斯滕森教授，以及全球著名管理软件开发商SAP公司CEO孔翰宁（Henning Kagermann）共同署名的论文《如何重塑商业模式》。在这篇具有划时代意义的论文中，他们写道：

我们认为：商业模式由四个密切相关的要素构成，这四个要素相互作用时能够创造价值并传递价值，目前来说最重要的是创造价值。

客户价值主张（Customer Value Proposition, CVP）：凡是成功的公司都能够找到某种为客户创造价值的方法，即帮助客户完成某项重要工作的方法。……只要了解了工作的涵义及工作的各个维度（包括如何完成工作的整个过程），我们就可以为客户设计解决方案了。

[①]《开放型商业模式：如何在新环境下获取更大的收益》，商务印书馆，2010年11月第1版，亨利·伽斯柏著，程智慧译，2页。

盈利模式（Profit Formula）：盈利模式是对公司如何既为客户提供价值，又为自己创造价值的详细计划，包括收益模式、成本结构、利润模式、利用资源的速度。人们往往把"盈利模式"和"商业模式"概念混为一谈。事实上，盈利模式只是商业模式的一部分。①

我们把上述三个代表性的文献的关键语句进一步提炼，可以把这些作者关于什么是商业模式的陈述看得更清楚一些：

亚历山大·奥斯特瓦德和伊夫·皮尼厄：
我们相信通过9个基本构造块就可以很好地描述并定义商业模式，它们可以展示出企业创造收入的逻辑。

亨利·伽斯柏：
商业模式通过定义一种从原料到终端客户间的一系列活动来创造价值，商业模式通过在上述一系列活动中建立唯一的资源、资产或竞争优势的地位来获得价值。

马克·约翰逊、克莱顿·M.克里斯滕森、孔翰宁：
商业模式由四个密切相关的要素构成，这四个要素相互作用时能够创造价值并传递价值，目前来说最重要的是创造价值。

从上述三个关于什么是商业模式的表述中，我们不难看出其中的共同点，即他们都把商业模式定义成一组（或4个或9个不

---

① 《哈佛商业评论》，2008年12月，王胤九译，第109-120页。

等）项目，这些项目都有特定的功能，如打造形成顾客价值主张、盈利模式（克里斯滕森），或构建渠道通路、核心资源、关键业务等（奥斯特瓦德），或定义优势资源、资产等（伽斯柏）。

显然，更确切地说，这些研究者给出的是一种可指导商业模式构建、创新的蓝图，这种蓝图商业模式具有两个紧密联系的作用：首先，它揭示了商业模式的功能是如何组合的；其次，它告知了人们尤其是那些对商业模式创新感兴趣的人们，实现这一点需要经过哪些途径。从这个意义上讲，奥斯特瓦德和皮尼厄使用了"构造块"这个概念来定义商业模式就显得十分贴切。他们的商业模式定义想传达的，就是一种关于商业模式的构建蓝图。遗憾的是：他们都没有进一步说明，蓝图商业模式中每个"构造块"或"构成要素"所代表的项目工程，其目标是什么，这些项目工程的结果所产生的真正影响又是什么。

现在我们已经知道，蓝图商业模式只是一个构建商业模式的"施工图"。其中的"构造块"或"要素"等均为不同目的、指向的"项目标签"。蓝图商业模式表达的是：为了打造、形成一个商业模式，人们需要开展哪些主题工程。不论蓝图商业模式的项目工程如何组成，所有的项目工程其实都是为了创造或改变与持续赚钱有关的依据，由此对企业持续赚钱的理由产生影响，实际上也就是改造企业的利润支撑系统。但需指出：蓝图商业模式本身并不是真实存在的商业模式，这和标明了水电气工程、桩基工程、绿化工程等的设计总图并未表达真实的建筑物是什么是一个道理。

为什么蓝图商业模式会成为多数人心目中的商业模式？主要是因为它的直观性：

第一，蓝图商业模式具有实践视角的直观性。企业家不大喜欢原理而热衷于实干。

第二，蓝图商业模式具有功能视角的直观性。初步接触商业模式理论的人都想尽快了解商业模式的构成到底如何。这时，告诉他们商业模式由哪几块组成、每块都有什么功能是比较简洁的表述方法。

蓝图商业模式只是商业模式众多面孔中的一个而不是全部。并且，作为"施工图"它虽然可以帮助人们快速形成关于商业模式的基本认识，但这副商业模式"面孔"也潜伏着一系列对理论研究和实践指导十分不利的危害。

首先，蓝图商业模式中以"构造块"或"要素"形式显示的主题工程项目，会使很多人产生这样的错觉：商业模式构建与竞争战略的价值链构建、市场学中的营销组合计划是否有诸多重合？如果是，我们为什么要在竞争战略和市场营销理论之外研究探索商业模式理论？如果不是，蓝图商业模式中的"提出顾客价值主张"、构建客户关系与渠道通路等又与竞争战略、市场营销的有关策略有什么不同？蓝图商业模式本身并未揭示这些问题，反而会加深人们的错觉，造成理论混乱。

如前所述，蓝图商业模式只是以构建一个具体的利润支撑系统为目的的一组工程名录，这些名录本身并不是商业模式，而是为形成商业模式所需采取的一组行动，我们称此为商业模式主题工程。如果这些主题工程能够创新性地开展，那么人们有可能得到一个创新型的商业模式。

其次，无法支持测评。由于只是"施工图"而不是利润支撑系统本身，因此，从蓝图商业模式出发，人们无法探索关于商业模式的测评问题。

再次，无法揭示创新路径与能力开发研究。

我们概括介绍一下商业模式主题工程的五个具体项目。

第一，设计顾客价值主张。

顾客价值主张是针对企业利润支撑系统中第一个依据"顾客有某个必须满足的需求或需要解决的痛点"而需开展的专项创造工程。显然，这是构建商业模式也就是利润支撑系统的首要工程。这一主题工程的最终目的，是要锁定某个可能存在的顾客痛点。这个痛点的规模将决定可开发利用的市场潜力的大小。如果把顾客痛点比作代表财富的"矿藏"，那么构建顾客价值主张的实质，就是企业通过明确顾客工作而完成了一次"矿址定位"。

顾客工作虽然发生在顾客身上，并由顾客完成，但针对什么样的顾客、针对该顾客的什么工作开展经营却是可以由企业决定的。在这里，企业可以通过两层定位即身份定位（顾客是谁）及问题定位（顾客的什么需求）来完成对顾客痛点的锁定（见图2-7）。

我们把面向上述两层定位的工作统称为"顾客价值主张设计工程"——确认我们针对谁的什么问题来开展经营。这一工程的结果是导致企业锁定了某个顾客群体的某项"工作"——顾客的有目的的一组活动，而这个工作及所含的痛点就成为利润支撑系统的第一个支柱。

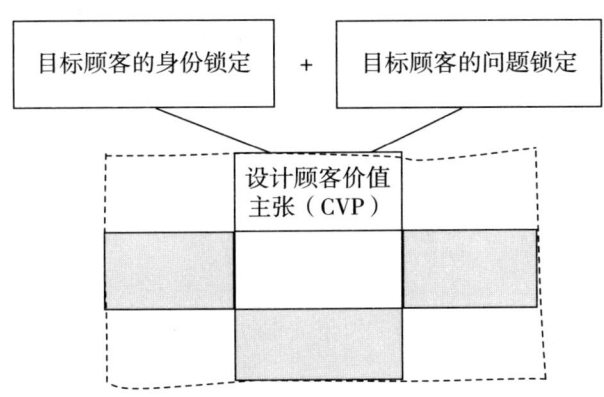

图 2-7 面向顾客痛点的主题工程——顾客价值主张设计

第二，设计顾客问题完整解决方案。

顾客问题完整解决方案设计是针对企业利润支撑系统中第二个依据"企业提供的场景方案能提供积极体验以持续吸引顾客"而需开展的专项创造工程。顾客价值创造是在消除顾客痛点的过程中完成的，为此，针对某个被锁定的顾客痛点，企业还需要设计专门的"顾客问题完整解决方案"来形成利润支撑系统的第二个板块。

设计顾客问题完整解决方案具有三个方面的基本内容：企业提供的产品方案，企业提供的服务方案，与企业合作的机构、个人提供的产品与服务方案（见图2-8）。

这一工程的结果导致形成面向顾客的不对称吸引力，即企业的专有引力，这个专有引力是企业利润支撑系统的第二个支柱。

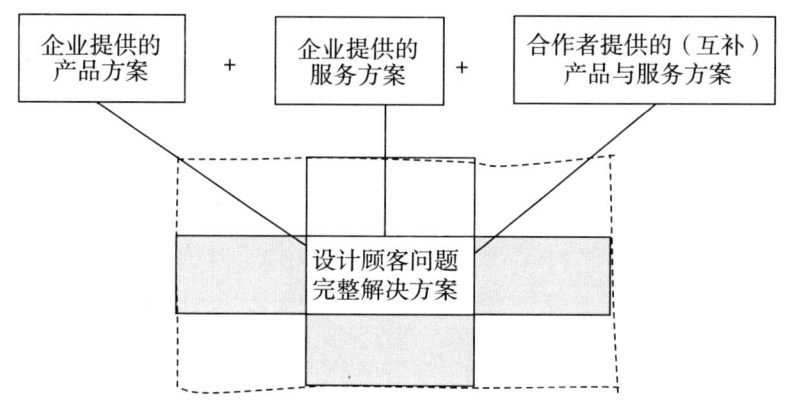

图2-8 面向"供方专有吸引力"的主题工程——顾客问题完整解决方案设计

第三,设计盈利模式。

盈利模式设计是对企业利润支撑系统中第三个依据"我们能够持续以满意价格完成产出销售"而需开展的专项创造工程。

设计盈利模式是商业模式构思中最具特色的思维工程,它包括两个基本内容(见图2-9):

(1)选择交易物并锁定相应的购买者。站在企业角度看,它可以提供给外界的东西绝不仅仅是传统意义上的产品(尽管这是最常见的交易物)。除产品外,服务、其他有商业价值的资源等都可以作为可收取费用的交易物。在O2O(Online To Offline,线上到线下)模式下,线上的各种提供物更可以作为交易物的选择源泉。至于购买者,虽然"开门一壶茶,来的都是客",但对企业而言,在所有可能的付费者中,存在最有价值的购买者,他们不仅可以从交易物中获得最大利益,也将对企业价值实现提供最大的保障。

（2）选择除交易物以外提供给购买者的免费或低价物，包括有形产品、服务和其他无形资源。我们将这些免费或低价物统称为"圈地项目"，它们发挥着吸引顾客及通过迎合购买者，使之产生好感而降低其对交易物的价格敏感性的作用。因此，"圈地项目"具有引流和价格保护双重功能。

这一工程的结果影响到未来企业实际运营时购买者对企业设计的交易物的态度，由于这个态度将对企业的价格溢价产生直接影响，因此它也将成为利润支撑系统的第三个支柱。

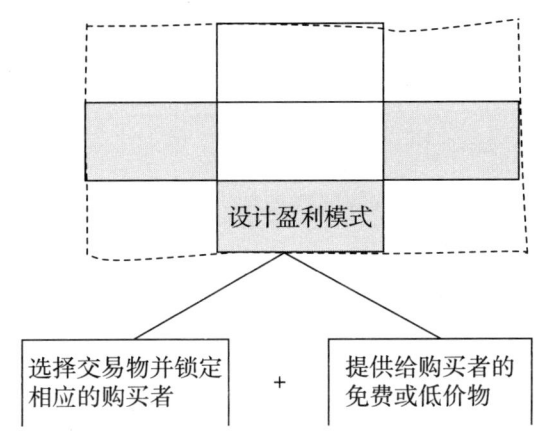

图 2-9　面向购买者态度的主题工程——盈利模式设计

第四，运营系统设计。

企业运营系统设计是针对企业利润支撑系统中第四个依据"在既定产出规模下我们能够控制内部运营成本"而需开展的专项创造工程。

企业运营中的关键资源是内部成本的主要决定因素，而关键资源的构成又与运营系统的构成有关。运营系统的结构将决定在运营过程中需要什么类型和性质的关键资源。当然，这里的结构主要取决于企业在完成顾客问题解决方案方面所使用的主要技术。因此，为了优化上述关键资源，就需要启动"运营系统设计"这一主题工程。其主要内容包括：核心工艺技术的选择、主要生产流程和相应的组织体系设计、管控与激励机制设计等（见图2-10）。

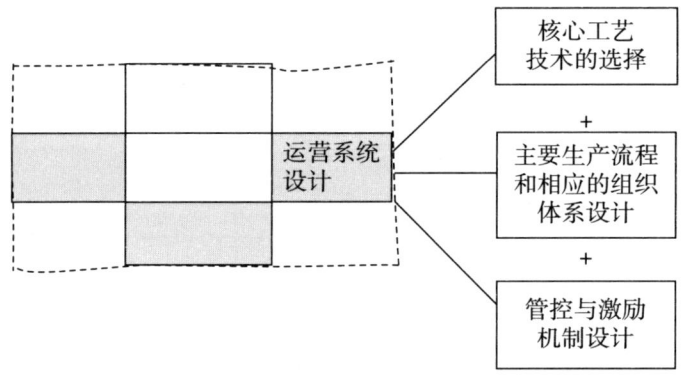

图 2-10　面向关键运营资源的主题工程——运营系统设计

运营系统设计工程的结果将影响未来实际运营中的关键资源选择，进而影响到运营系统的成本，这个成本水平构成了利润支撑系统的第四个支柱。

第五，合作网络设计。

合作网络设计是针对企业利润支撑系统中第五个依据"在既定产出规模下我们能够控制外部合作成本"而需开展的专项创造

工程。

一个有竞争力的顾客问题完整解决方案往往包含互补产品和服务，这些互补产品和服务就是由这里提到的外部合作者提供的。企业出于满足顾客的需要而调集、组织和协调这些外部的互补性合作者（见图2-11），这时可能会产生一定的成本，我们称此为合作成本。

合作网络设计工程的结果将导致企业锁定某个外部的关键合作资源，这个资源的特性将影响到企业的合作成本，后者构成了利润支撑系统的第五个支柱。

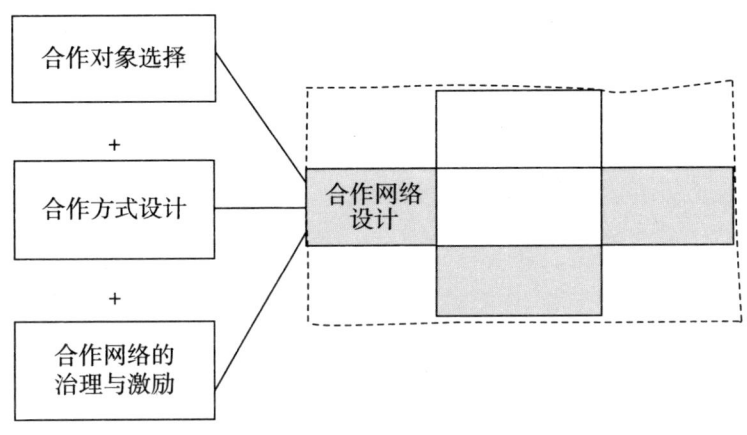

图2-11　面向关键合作资源的主题工程——合作网络设计

总体而言，蓝图商业模式通过五个方面的主题设计工程，分别对企业利润支撑系统的五个板块或者说五个支柱产生影响（见图2-12），当企业按照蓝图模式实际构建其商业模式时（这是一个逐步试错的迭代过程，参见《商业模式构建》），就意味着企业开辟了一个可供挖掘的利润空间。这个空间可能容积较大，这说明企业构建了一个好模式；反之，则表明企业收获的是一个糟糕的商业模式。

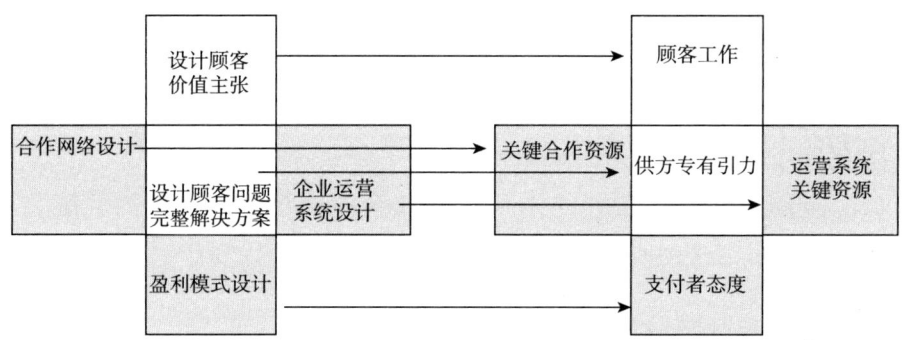

图 2-12　商业模式蓝图及其影响产生的利润支撑系统的五个支柱

二、要素商业模式

要素商业模式就是由具体要素构成的利润支撑系统。作为真实客观存在的利润支撑系统，要素商业模式决定了企业利润潜力空间的大小。在利润支撑系统的五个构成板块上，经过蓝图设计和以此为指引的实际构建行动（或创新行动），将客观产生一个具体类型的板块要素，如具体类型的顾客工作、具体类型的企业专有引力等。这些具体要素的组合就构成了一个要素商业模式（见图 2-13）。

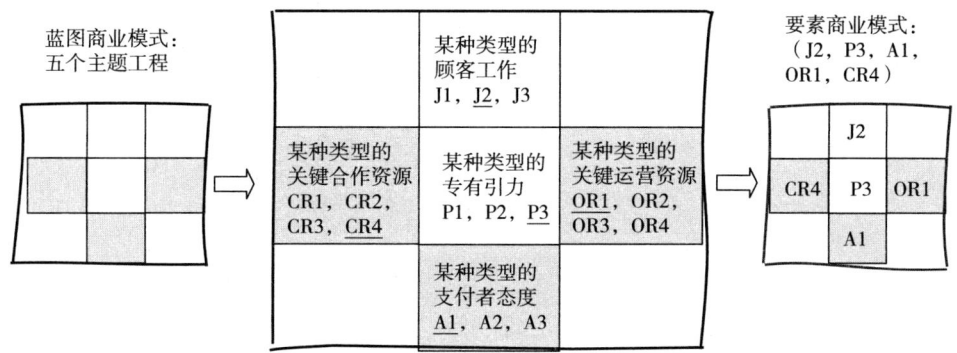

图 2-13　由蓝图模式指引形成的要素商业模式

三、规则商业模式

规则商业模式就是维系具体支撑要素客观存在的规则组合（见图 2-14）。作为具体的利润支柱，要素商业模式中的每个要素如 J2 类型的顾客工作、P3 类型的企业专有引力等，其背后都存在一个或若干个规则，这些规则有多种形态（详见《商业模式构建》），它们的作用是确保上述要素作为一个事实而持续存在。换句话说，要素商业模式中的任何一个具体的要素都是由不同的规则来维系的。例如一种既定的顾客工作，其存在的背后一定有技术、法律、习俗等方面的规则在起作用，否则，这个工作可能只是一个孤立和临时性的现象。

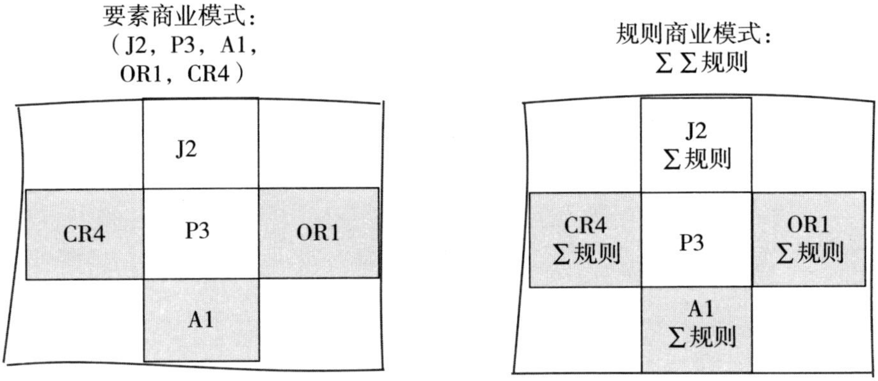

图 2-14　由蓝图模式指引并与要素模式对应形成的规则商业模式

四、特征商业模式

一般来讲，无论设计要素模式还是规则模式都是比较隐蔽、不那么直观的。尽管蓝图模式对于设计者来讲比较清楚，但对其他人来讲比较隐蔽。那么对于一个企业的运营模式，或者说赚钱方式，其直观的表达，就是抓住企业运营的若干关键特征，尤其是交易特征。由于交易是获取利润的核心环节，因此，交易特征也可在一定程度上反映利润获取特征，这就是诸如平台模式、服务模式等特征型模式流行的一个重要原因，我将此称为特征商业模式，特征模式可以比较直观地反映企业运营的某些外部特征，有利于人们总体上尽快地形成对企业经营的基本认识，但是它同样需要经过比较准确的测评才能形成有价值的判断。

测评的总体目标和三个基本测评问题

一、商业模式测评的总体目标

商业模式测评的总体目标是：全面把握一个真实存在的商业模式的属性，为管理层创新、投资者决策及其他利益相关者的有关行动提供支持。

二、商业模式测评的三个基本问题

现在我们已经知道，反映企业利润支撑系统不同面目的有四类典型的商业模式。由于蓝图商业模式是一种关于未来商业模式即利润支撑系统的设计方案，它只是位于图纸甚至是思维层次上的"设想"，不存在测评问题。这样，所谓商业模式测评的对象，就分别是特征商业模式、要素商业模式及规则商业模式（见图2-15）。

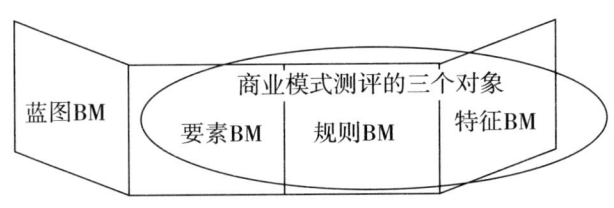

图 2-15　针对三个对象的三个基本测评问题

1. 特征商业模式的类型及其相关属性测评

这一测评问题是分析企业对外交易属性的基本特征，测评企业的业态类别，由此对企业的总体经营性质进行定位。

2. 要素商业模式的类型及其相关属性测评

这一测评问题是对企业的商业模式结构，也就是企业利润支撑系统的各个板块要素进行测评，形成对商业模式要素组合的评价与归类。在此基础上对企业的利润潜力空间大小形成判断并识别商业模式也就是利润支撑系统的短板。通过对商业模式结构特征的测评，支持企业业务战略的定位与精准实施，使业务战略与微观环境的匹配效应达到最佳。

3. 规则商业模式的强度及其相关属性测评

这一测评问题是对维系商业模式各个要素的规则进行测评，分析判断这些规则的强度，也就是这些规则维系有关的关系、行为的牢固程度。

03 商业模式类别测评

本章中你将了解：

- 什么是商业模式的类别测评
- 马龙模型的基本原理
- 11种特征商业模式的划分方法及模式特征
- 11种特征商业模式的实际案例

类别测评的价值

商业模式的类别测评,就是对企业经营的基本属性进行识别。这种测评是从交易角度进行的类别测评,据此从总体上抓住该企业的本质,避免被一些与企业的利润获取没有本质联系的非特征因素干扰。这个测评的主要价值有以下三个方面:

第一,有利于快速把握企业经营的实质。

第二,有利于选择正确的标杆企业,以便企业瞄准正确的对象,通过有针对性的学习提升自己的竞争能力。

第三,有利于企业正确识别推动企业进步的关键业绩因素。不同类别的企业具有不同的业绩影响因素,只有落位准确——也就是在合适的类别框架中才能找准这些关键业绩因素,并利用这些因素来改进或创新自身的经营。

测评思路与方法

美国麻省理工学院教授托马斯·马龙（Thomas. W. Malone）等人曾提出一个很有趣的问题：我们这个世界的某一商业模式是否真的好于其他商业模式？换句话说，在已经出现的商业模式中，是否存在好坏差异？这其实是一个很大的问题，因为它包括了许多需要澄清的东西。不知是否因为这个原因，这个研究的参与者空前之多，云集了美国麻省理工学院、哈佛大学、田纳西大学及一些管理咨询机构的专家。

在这个研究中，他们首先指出，进入21世纪以来，很少有一个概念像商业模式这样被如此广泛地关注，但在理论上又被如此忽视。当然，随着人们对有关企业研究的深化，许多人开始将一些公司如易趣、戴尔、亚马逊的成功归因于他们使用新技术的方式而不是这些新技术本身，这些方式不仅使公司的运作更有效率，也创造出了新的商业模式。然而，他们发现关于商业模式效能的大规模实证研究还非常少见。事实上，人们至今对现实经济中（包括已消亡的经济）存在（过）多少类型的商业模式并不清楚，更不清楚其中的一些商业模式是否会比其他商业模式更能带来好的财务业绩。

为此，马龙等人开发了一个商业模式分类的模型。他们假设这些不同类型的商业模式有可能解释不同企业盈利能力之间的差异。为此他们在标准普尔公司的 Compustat 数据库中设计了一个由 10970 家美国上市公司组成的数据样本，以 1998 年到 2002 年期间样本企业 6 类财务业绩数据作为因变量，实证检验一些模式是否比其他模式具有更好的业绩效果。

一、开发商业模式分类方法时应遵循的四个标准

马龙特别强调，在开发商业模式分类方法时，应遵循以下几个标准：

第一，分类应能直观感知。被划分到同一组的商业模式在价值创造上应有相同特征，并且这些特征与其他组的特征有可以识别的差异。对同一类商业模式的命名可以清晰地体现该类商业模式的主要性质。

第二，分类应涵盖全部模式，且这些模式彼此之间没有重合。

第三，分类应满足两类有效性：区分有效性，即这种分类应有效区别于战略类型分类和产业分类；收敛有效性，即这种分类尽管不可避免地需要人的主观判断，但应保证不同的人依据相同信息时可以得出相同的分类结论。

第四，分类应尽可能使用少而简明的概念。

二、开发商业模式分类方法的依据

根据上述标准,马龙等人提出了两个方向的分类依据[①]:

1. 企业经营的销售环节出售的是何种类型的权利

任何交易的核心都是它所出售的东西。这个东西的最基本性质,就是包含在其中的合法权利。人类经济活动中所涉及的权利交换有三种类型:

资产的所有权;

资产的使用权;

资产的交易处置权。

根据上述交易中出售的权利类型,以及出售的权利数量规模,可以归纳出四种基本的权利交易模式,从中可识别出四类不同的主体。见表 3-1。

(1)制造商。制造商从供应商那里购买原材料或部件,然后加工或组装成产品。这是制造业主要的商业模式。制造商与经销商主要的区别是:制造商设计他们所出售的产品,即使公司将产品的制造进行外包,只要此公司对产品进行实质的(大于 50% 的价值)设计与制造,人们仍可将此公司归为制造商。

---

① Thomas W. Malone, Peter Weill, Richard K. Lai, Victoria T. D'Urso, George Herman, Thomas G. Apel, and Stephanie L. Woerner, "Do Some Business Models Perform Better than Others?", Working Paper 4615-06.

表 3-1　根据交易属性划分的四类主体

		交易的规模？（How much does the business transform the asset?）	
		大量（Significant）	有限（Limited）
出售了何种权利？（What rights are being sold?）	资产所有权（Ownership of Asset）	制造商（Creator）	经销商（Distributor）
	资产使用权（Use of Asset）	租赁商（Landlord）	
	资产的交易处置权（Matching of buyer and seller）	经纪人（Broker）	

（2）经销商。经销商购买产品，然后再将产品转售给别人。经销商经常通过运输或重新包装产品或提供售后服务来向购买者提供商品的附加价值。这种商业模式在批发与零售业中是普遍存在的。

（3）租赁商。租赁商在指定期限内出售资产的使用权而不是所有权。此种商业模式不仅包括提供实物资产（如房屋与航班座位）的暂时使用权，还包括提供金融资产的暂时使用权，以及人力资产、知识等租赁物的暂时使用权。

（4）经纪人。经纪人通过将潜在购买者与出售者联系在一起而实现服务销售。和经销商不同，经纪人不拥有产品的所有权。经纪人从购买者/出售者或从双方收取佣金。这种商业模式在房地产、证券与保险经纪业中比较常见。

2. 各类主体应用的核心资产有哪些

商业模式类别分类的第二个维度是交易物的资产类型。任何经营都是以实现销售为核心的，而销售的本质就是交换，即买方以货币交换卖方的某一交易物。这个交易物也是一种有价值的资产，它有四种基本类型：

（1）金融资产。包括现金与其他证券化资产，如股票、债券和能够使所有者有权获得未来现金流的保险凭证。

（2）实物资产。包括耐用物品（如房子、电脑与机床）与非耐用物品（如食品、服装与纸）。

（3）无形资产。包括受法律保护的知识产权（如专利、版权、商标与商业秘密）和其他无形资产（如知识、商誉、品牌形象）。

（4）人力资产。包括人的时间与努力。当然，不论从会计角度还是道德法律角度来讲，人不属于资产且不能买卖，但是人的技能、时间与知识是可以交易的资产，是可被出租以获得酬劳的。

这样，这两个维度就分别形成了四种类型，由此产生了 $4 \times 4 = 16$ 种商业模式，所有模式都在逻辑上成立。当然，这16种商业模式中的一些模式相对比较少见，还有两种（人力制造商与人力经销商）是非法的。

在马龙模型的基础上，将原来的四种经纪模式归并为一类模式即平台模式，这样，现实世界的企业就有11种基本业务模式，也就是11种特征商业模式（见表3-2）。

表 3-2 当前存在的 11 种特征商业模式

		交易物的形态属性（*What type of asset is involved?*）			
		金融资产 （Financial）	实物资产 （Physical）	无形资产 （Intangible）	人力资产 （Human）
交易何种权利？ (What rights are being sold?)	制让：制造并出售所有权	1.创投模式	2.制造模式	3.发明设计模式	
	购让：购买并出售所有权	4.证券经营模式	5.商品批零模式	6.知识产权代理模式	
	出租：制造或购买后出售使用权	7.货币借贷模式	8.许可-租赁模式	9.内容经营模式	10.生产/消费服务模式
	中介：出售接触权	11.平台经纪模式			

这些模式的定义与特征如下（下面的"经营者"是指我们所分析的模式采用者）。

1.创投模式

指经营者创造一个企业（通常是创业型公司），然后出售其拥有的企业股票并通过股票价格的上涨而获利。如果一个机构只投资一个对象企业但从不出售其拥有的投资对象的股权，即不以此为交易物，则其商业模式就不是创投模式。

2.制造模式

指经营者制造并销售实物资产（所有权）。典型制造商如：

格力电器、青岛海尔、通用汽车等。

3. 发明设计模式

指经营者研发、设计，形成有关的产品或其他内容的无形产品如软件、专利、方案等，然后销售这些设计的所有权。现在越来越多的科技型公司正在转向这种模式并取得成功。现实中，一些人会将这种模式的公司称为"轻资产公司"，这个称呼部分反映了该类企业的特征，但并不绝对。一些发明设计公司虽然没有庞大的制造或地产等传统重资产，但有可能持有其他形式的重资产如实验室等。

4. 证券经营模式

指经营者购买并出售某种金融资产如外汇或股票，在不对其进行显著的转变（或设计）的基础上，再转手卖出该金融产品的所有权，赚取差价。

5. 商品批零模式

较为传统的一种业务模式，指经营者如沃尔玛、苏果便利等购买实物产品，在不对其进行显著加工的基础上再转手卖出这些实物产品，赚取差价。

6. 知识产权代理模式

指经营者购买某种形式无形资产如专利、信息、商标等，然后通过特殊渠道卖出这些无形资产的所有权。此种商业模式包括购买并出售知识产权如版权、专利、域名等的公司。

7. 货币借贷模式

指经营者（主要是商业银行）先取得某种金融资产（主要是

货币），然后出售这些金融资产（如货币）的使用权，也就是出租这些金融资产。请注意这个模式与前面第四种模式的区别：在那里，经营者出售的是金融产品的所有权而不是使用权。在这里，经营者（如商业银行）则允许其他人（贷款者）在一些限定条件下（通常为时间限制）使用货币（或其他金融资产），公司出售的是使用权，价格就是利息。

8. 许可–租赁模式

指经营者以自制、购买或暂借等方式获得某些实物资产，然后再将其使用权出售给他人。这里的实物资产可以是某个地产（如万达广场）、设备（如车船等交通设备或冷藏仓储设施等），以及其他形态的实物。

9. 内容经营模式

指经营者以创造或购买等方式获得无形产品如视频、音频或静态的图文符号等，然后出售这些无形产品的使用权，即购买者可以使用及消费（观赏）这些内容，但由于未取得这些内容的所有权因此不能再销售这些内容。

在互联网时代，内容经营模式吸引了越来越多的创业者关注，这种模式有三种获利途径。

（1）经营者通过提供内容如软件、报纸或数据库的有条件的使用以获得来自顾客的使用费，典型如微软公司销售视窗系统业务。

（2）经营者通过商标、专门技能或商标的其他特定内容获得报酬。这包括商业的特许经营费用如餐馆或宾馆连锁。

（3）经营者通过电视节目或网络吸引人们的注意力，然后将注意力（无形资产）出售给广告商。这种商业模式在收音机与电视广播、出版业和一些基于网络的商业中比较常见。如：今日头条、纽约时报、谷歌＋等。

10. 生产/消费服务模式

指经营者通过提供各类服务，如咨询、建设、教育、个人护理、包裹递送、现场演出或医疗保健等，来收取服务费，也就是各种专业技能的使用费。

11. 平台经纪模式

指经营者通过各种平台将买方与卖方匹配起来，向双方提供各自所需的针对对方的接触权，具体的收入形式有交易提成、会员费等。淘宝、瓜子二手车、春雨医生等就是其中的例子。由于是提供"牵手双方"的服务，这种模式有时也被称为"双边"模式。

11类特征商业模式的现实案例

一、创投模式：红杉资本

1. 公司历史简介

1972年，红杉资本由唐·瓦伦丁（Don Valentine）在加州门洛帕克创立。1999年，红杉公司将业务扩展到以色列。红杉资本中国成立于2005年，是美国公司的子公司。

2. 公司的经营

红杉资本专门从事包括私营企业的孵化阶段、种子阶段、初创阶段、早期阶段和加速成长等阶段的股权投资。其投资领域主要包括金融服务、医疗健康、快销和高新技术等。自创立以来，它投资的企业已超过250家，其中不乏苹果、谷歌、甲骨文、雅虎、YouTube、PayPal、Stripe、Instagram等优秀企业。这些企业的现市值综合已超过1.4万亿美元，占纳斯达克总市值的22%。

相较于需要创造市场需求的公司而言，红杉的投资目标更倾向于拥有巨大市场需求的公司。红杉更注重行业的前瞻性预判，在判断存在前途与投资机会的细分市场中寻找有潜力的出色企业进行投资，并在投资成功后，依靠股票上市或股权转让（IPO或并购）等形式退出，为投资合伙人获得回报。

二、制造模式：格力电器

1. 公司历史简介

格力电器目前主要依靠强大的专业自主研发设计、纵向一体化的生产制造产业链和发达的销售渠道形成的"全供应链"垄断式商业模式。其主要业务为空调产品的生产销售，是一家具有较高技术创新能力的传统制造企业。但近年来，格力电器也大胆尝试新型科技领域多元化发展，并逐渐向智能家居等以客户服务体验为价值核心的制造服务化模式转变。

1991年，珠海经济特区工业发展总公司将原旗下冠雄塑胶厂和海利空调器厂合并，建立格力空调器厂。1996年11月，格力电器股票在深交所挂牌上市。2001年6月，格力电器创立首家海外公司格力电器（巴西）。2003年12月，格力电器成为全球最大的专业化空调生产基地。2015年3月，格力电器推出智能手机产品。

2. 公司的经营

格力电器主营家用空调、中央空调、智能装备、生活电器、空气能热水器、手机、冰箱等产品，主要以专业化发展与国际化发展并举，在家电领域以用户需求为中心，潜心研发销售空调产品系列,在空调纵向一体化领域不断突破国际领先技术。

在空调产品领域,格力电器逐渐向"高端化、智能化、精品化"方向发展,提升产品质量与体验,不断拉大同竞争对手的差距,稳固行业内的领先地位。同时不断拓展其他行业领域客户,签订战略集采协议;为满足客户新时代新需求,格力电器加大对主流销售平台及电商资源的投入,针对生活电器等产品进行渠道推广。

三、发明设计模式:英国 ARM 公司

1. 公司历史简介

ARM(Advanced RISC Machines)公司是苹果、Acorn、VLSI Technology 等公司的合资企业。1991 年成立于英国剑桥,主要出售芯片设计技术的授权。2016 年 7 月,被日本软银以 234 亿英镑(约合 2035 亿元人民币)的价格收购。它是英国最顶尖的科技公司之一,也曾被《福布斯》评为世界五大最具创新力公司之一。

2. 公司的经营

ARM 是世界领先的半导体知识产权供应商,总部位于英国。ARM 公司提供技术许可的知识产权,而不是制造和销售实际的半导体芯片。全球目前有 200 多家半导体公司已从 ARM 公司获得技术授权,成为 ARM 的客户。这些半导体公司每年设计及销售的 ARM 处理器达 40 多亿颗。全球超过 95% 的智能手机

使用的是基于 ARM 架构的芯片。其主要业务是向芯片设计公司进行知识产权授权，并提供技术支持。采用 ARM 技术知识产权的微处理器，即我们通常所说的 ARM 微处理器，已遍及工业控制、消费类电子产品、通信系统、网络系统、无线系统等各类产品市场。

与英特尔独自开发处理器及平台、将完整标准下放到代工厂商的方法不同，ARM 在最初就采用了更自由的开放式合作关系。ARM 仅建立架构和平台，吸引合作伙伴加入，并提供必要的技术支持，但不直接构建一个具体的产品，通过收取专利费的模式来盈利。也就是说，如果合作伙伴推出了一款非常成功的 ARM 架构处理器，那么 ARM 自然也能从中获得利润。

虽然日本软银集团斥资收购了英国 ARM 公司，不过 ARM 继续保持了独特的商业模式，即只提供技术方案和专利授权，具体的手机芯片交给外部公司去定制设计和制造。

四、证券经营模式：美林证券

1. 公司历史简介

1914 年 1 月 7 日，查尔斯·梅里尔（Charles E. Merrill）在纽约市华尔街 7 号开始了他的事业，成立了 Charles E. Merrill 公司。1915 年，公司正式更名为美林（Merrill Lynch）。美林通过子公司向全球提供投资、融资、咨询、保险和相关的产品及服务。

2. 公司的经营

美林证券通过提供一系列的金融服务，来满足个人和机构投资客户的需要。这些服务包括个人理财计划、经纪证券买卖、公司顾问、外汇与商品交易、衍生工具与研究等。作为投资银行，美林也是全球顶尖、跨多种资产类别的股票与衍生性产品的交易商与承销商，它还担任全球多个企业、政府、机构和个人的战略顾问。美林在全球有超过700个办公室及1.57万名财务顾问，为个人及企业提供以一流规划为基础的财务顾问与管理服务，旗下所管理的客户资产总值达1.7万亿美元（约合11.72万亿元人民币），目前为全球规模最大的财富管理公司之一。美林持有全球最大的投资管理公司之一——贝莱德公司（BlackRock）近一半的股权，其管理资产总值约1万亿美元。

自1995年以来，美林已为1100桩交易提供咨询服务，交易值超过1.2万亿美元（约合8.28万亿元人民币）。美林为客户提供各种不同类型的战略性服务，其中包括并购及反并购策略，销售、收购、剥离财产解决方案，以及合资企业的服务。美林的并购专家可根据客户的战略性需要提供不同的专家建议。

五、商品批零模式：沃尔玛

1. 公司历史简介

沃尔玛百货有限公司由美国零售业的传奇人物山姆·沃尔顿（Sam Walton）先生于1962年在美国阿肯色州成立。经过五十多年的发展,沃尔玛公司已经成为美国最大的私人雇主和世界上最大的连锁零售企业。目前,沃尔玛在全球27个国家开设了超过10000家商场,下设69个品牌,全球员工总数220多万人,每周光临沃尔玛的顾客达2亿人次。

2. 公司的经营

沃尔玛在全球的业务类型主要有四种:

沃尔玛购物广场、山姆会员商店、沃尔玛商店、沃尔玛社区店。

沃尔玛全球2017财年(2016年2月—2017年1月)营收达到4859亿美元(约合33509亿元人民币),剔除汇率的影响,则为4969亿美元(约合34267亿元人民币),比上一财年增长3.1%。2016年,沃尔玛开出24家新店,包括21家大卖场和3家山姆会员商店,新店表现超出预期。

2017年沃尔玛市值为2900亿美元(约合19999亿元人民币)。

在市场定位上,沃尔玛主要是以中、低档顾客作为目标市场,其经营的商品是最流行的全国性品牌的优质商品,通过大批量、规模化采购降低进价,再以明显低于当地市场的价格进行销售。这对价格敏感型的顾客极具吸引力。

六、知识产权代理模式:光线传媒

1. 公司历史简介

1998年,光线传媒在北京注册成立,当时注册名为"北京光线电视策划研究中心",是中国最早的民营专业电视策划与制作机构之一。创办之初,光线传媒就确定了"传媒娱乐一体化、工业化、品牌化"的理念,先找买家,以销定产,以流水线的作业模式来打造娱乐节目。

2011年8月,北京光线传媒股份有限公司成功登陆A股创业板,成为继华谊兄弟、华策影视之后,第三家成功登陆资本市场的影视传媒公司。光线传媒2017年市值约306.86亿元人民币。

2. 公司的经营

光线传媒对外投资涉及影视、音乐、互联网新媒体、动漫、文学版权、基金和电子商务七大领域。光线致力于打造中国最完整的内容生态链。从IP源头开始,进行电影全产业链的布局和多内容拓展。重点布局电影、电视剧、动画等影视业务,旗下更拥有光线影业、青春光线、彩条屋等独立电影品牌,同时通过投资和并购拓展互联网新媒体、虚拟现实、直播、电商、游戏、音乐、艺人经纪、现场娱乐等领域,构建贯通上下游并具备产品运营核心竞争力的投资平台和产业生态系统。目前已构建70家左右的光线系公司,形成内容+内容、内容+新渠道的互补生态体系。

七、货币借贷模式:招商银行

1. 公司历史简介

招商银行1987年成立于中国改革开放的最前沿——深圳蛇

口，是中国境内第一家完全由企业法人持股的股份制商业银行，也是国家从体制外推动银行业改革的第一家试点银行。

2002年4月9日，招商银行A股在上海证券交易所挂牌上市。2006年9月8日，招商银行开始在香港公开招股，发行约22亿股H股，集资200亿港元（约合176.5亿元人民币），并在9月22日于香港交易所上市。截至2017年年底，招商银行境内外分支机构逾1800家，在130余个城市设立了服务网点，拥有6家境外分行和3家境外代表处，员工7万余人。

2. 公司的经营

招商银行的主营业务包括提供公司及个人银行服务、从事资金业务，并提供资产管理、信托及其他金融服务。截至2017年年末，招商银行市值约为7212.88亿元人民币，位居全球上市银行第十一位。

八、许可-租赁模式

A. 南京一九一二集团

1. 公司历史简介

南京一九一二投资集团有限公司成立于2008年，以城市文化为基点，致力于在中国具有时尚消费潜力的城市深度发展，专注于文化商业地产的运营与管理，以此带动主题休闲产业的健康发展。旗下项目1912街区在发展过程中，不断根据市场变动和自身发展情况，适时改变自身盈利模式以适应环境的变化，使企业能够更好地向前发展。到目前为止，1912街区盈利模式的发展经历了三个发展阶段：在1.0版本时代，属于传统的"二房东"模式，即将整体街区承租并运营的起步阶段，这个时段企业是不赚钱的；在2.0版本时代，一九一二集团与当地政府及开发商合作，寻求更多的合作方式，参与项目概念方案制定、规划建设实施，打造区域标杆项目，主导该区域商业发展方向；在3.0版本时代，集团直接参与土地运作，运营与开发并重，担当中国城市文化商业整合运营商角色，引领商业格局的创新突破，挖掘文化消费的时尚魅力，满足城市消费的精神需求。

2. 公司的经营

一九一二集团以南京为中心，目标在全国连锁布点。一九一二集团所提供的休闲文化街区主产品，不仅提供吃喝玩乐的服务和体验，更是传递和输出社会价值观、城市荣誉感和积极生活方式的载体。一九一二的商业街运营以打造具有独特体验的休闲消费为目标，构建了一个面向B端经营者的商业生态体系，其组织保障是街区管理委员会，该机构由街区所在地政府27个职能部门形组成，直接为街区的正常运营保驾护航，提供咨询与帮助。

B. 西南航空

1. 公司历史简介

美国西南航空公司（Southwest Airlines，以下简称"西南航空"）由罗林·金（Rollin King）与赫伯·凯莱赫（Herb Kelleher）在1971年6月18日创建。公司定位为以美国国内城际间航线为主的航空公司。目前已创造多项美国民航业纪录，利润净增长率最高，负债经营率较低，资信等级为美国民航业中最高。2001年"9·11"事件后，几乎所有的美国航空公司都陷入了困境，只有西南航空例外。2005年由于运力过剩和史无前例的燃油价格，整个美国航空公司行业共亏损100亿美元，同期的西南航空则连续第33年保持盈利。

2. 公司的经营

西南航空以低成本战略赢得市场，其战略是另辟蹊径，去占领潜力巨大的低价市场，避免与美国各大航空公司正面交锋。西南航空只开设中短途的点对点航线，没有长途航班，更没有国际航班。时间短，班次密集。一般情况下，如果旅客错过了西南航空的一班飞机，完全可以在一个小时后乘坐该公司的下一班飞机。高频率的飞行班次不仅方便了每天都要穿行于美国各大城市的旅客，更重要的是，在此基础上单位成本的降低才是西南航空所追求的。

西南航空主要运营二线机场，减少经停点和联程点，从而减少了航班延误和旅客的旅行时间。西南航空的飞机不用对号入座，不用上飞机找座位，没有公务舱和经济舱之区别，这样登机很快，既省时间，也省了飞机滞留机场的费用，下飞机等行李的时间也比其他公司短。

西南航空千方百计降低成本。飞机上不提供费事费人的用餐服务，就连登机牌也是塑料做的，用完后收起来下次再用。"抠门"的结果是西南航空的机票价格可以同长途汽车的价格相竞争。西南航空的领导团体提出明确的经营目标："赚钱，给每位员工提供稳定的工作，并让更多的人有机会乘飞机旅行。"

九、内容经营模式：今日头条

1. 公司历史简介

今日头条是北京字节跳动科技有限公司开发的一款基于数据挖掘的推荐引擎内容服务产品，它为用户推荐信息，提供连接人与信息的服务，由张一鸣于2012年3月创建，2012年8月发布第一个版本。

2016年9月20日，今日头条宣布投资10亿元用以补贴短视频创作，后独立孵化短视频平台火山小视频；2017年1月，中国第一批认证的8组独立音乐人入驻今日头条；2017年8月，今日头条宣布将投入上亿美元推动抖音出海。

2. 公司的经营

今日头条根据每个用户的兴趣、位置等多个维度进行个性化内容推荐，推荐内容不仅包括狭义上的新闻，还包括音乐、电影、游戏、购物等资讯，根据其社交行为、阅读行为、地理位置、职业、年龄等挖掘出兴趣，进而向其推送类似定制的内容服务。

对于盈利模式，今日头条选择了广告这一路径。推荐引擎的信息分发模式对于广告主来说，有着很大的吸引力。启动商业化后，很快就有不少知名厂商找上门来寻求合作。包括东风雪铁龙、沃尔沃等公司都已经是今日头条的客户。眼下，公司的收入足以覆盖每月的运营成本。

十、生产/消费服务模式

A. 肯德基

1. 公司历史简介

肯德基是世界第二大速食及最大炸鸡连锁企业，1952年由创始人哈兰·山德士上校（Colonel Harland Sanders）创建，主要出售炸鸡、汉堡、薯条、盖饭、蛋挞、汽水等高热量快餐食品。

2. 公司的经营

肯德基以"特许经营"作为在全世界拓展业务的有效方式，在中国，肯德基从1993年就有了加盟业务。

肯德基有三种加盟方式：

（1）直营连锁/正规连锁。

首先，必须是同一资本下所设立的连锁店，这也是直营连锁同特许连锁、自由连锁之间的本质区别；其次，经营管理高度集中统一；其三，有统一的核算制度。

（2）自愿连锁/自由连锁。

自愿连锁是由多个企业共同构成的，为了达到大家一致认可的经营目标而缔结起来的企业经营形式。每一个连锁店都以独立法人形式设立，高度自主。所有成员店独立核算，属于经营模式中的横向结合。

（3）特许连锁/合同连锁/契约连锁/加盟连锁。

这是通过合同的约束将一个公司与其加盟商结成一个经营共同体的形式，将连锁店的经营权特许授权给加盟商的形式来进行连锁经营。在肯德基庞大的餐厅阵营中，就包含了很多家特许加盟连锁餐厅。

B. 美国兰德公司

1. 公司历史简介

美国兰德公司（Research And Development，缩写为 RAND）成立于1948年11月，总部位于加利福尼亚州圣莫尼卡市，是美国的一所智库机构，也是最重要的、非营利性质的以军事为主的综合性国际战略研究机构，它可以说是当今美国乃至世界最负盛名的决策咨询机构。

兰德公司不仅为美国联邦政府提供研究，帮助其进行政策制定，还致力于解决诸如教育、贫困、健康、安全、能源、环境、人口等多方面的重大经济社会问题。到了20世纪60年代末，兰德公司的研究重心由早期的国防课题拓展到多个学科领域，包括太空、经济、社会、海外政治事务及政府在解决社会经济问题时的作用。总而言之，兰德公司的发展历程可总结为：从依附到独立、从单一到多元、从封闭到开放、从单纯服务美国客户到服务全球。

2. 公司的经营

作为一家非营利性质的国际研究机构，兰德公司通过研究和分析改善政策和决策制定。兰德所提供的产品和服务高度概括起来就是提供优质的决策信息，包括报告、论文等。

兰德公司大部分的营收来源于美国政府，包括美国卫生及公共服务部、美国三军、美国国防部和其他国家安全机构四个部分。2015年，兰德公司实现了29.33亿美元（约合202.27亿元人民币）的营收；2016年，兰德公司营收达到30.8亿美元（约合212.40亿元人民币），年增长速度达到5.04%。

目前，大约有24000种兰德公司的研究成果可在线上获取。据统计，2017年兰德公司的网页下载量达到550万次，推特上的追随者超过15万人。

十一、平台经纪模式

A. 春雨医生

1. 公司历史简介

春雨医生，原名春雨掌上医生，于2011年11月上线，是北京春雨天下软件有限公司旗下一款集人工智能技术和医师专业知识为一体的医疗产品。

2011年11月，春雨医生1.0版本上线，首创"轻问诊"服务；2013年1月，春雨医生升级到3.0版本，增加了医生自由定价功能；同年10月，春雨医生4.0版本上线，增加了疾病智能搜索引擎；2014年10月，春雨医生6.0版本新增电子健康档案、医疗咨询开放平台功能；2015年5月22日，春雨医生与中国科学院大学共同宣布，健康大数据联合实验室正式成立。

2. 公司的经营

春雨医生的主营业务是移动健康或移动医疗（包括用户自诊、健康咨询、医患互动等），春雨医生的核心功能便是在线问诊。

2018年3月23日上午，科技部火炬中心、中关村管委会、长城战略咨询、中关村银行联合发布了《2017年中国独角兽企业发展报告》，春雨医生上榜，并以15亿美元（约合103亿元人民币）估值排名第65位。

作为一个移动医疗健康应用，春雨医生提供用户自诊、健康咨询、医患互动交流等服务，致力于利用移动互联网的科技手段帮助人们掌握健康、延缓衰老、治疗病痛。也就是利用移动互联网新技术创造医疗服务新平台，据此将医生、关联服务方和病人联系到一个平台上，提供专业化的医疗健康服务，帮助客户了解自我需求、掌握健康信息，并获取更为便捷、专业、优质和经济的建议与服务，由此缓解目前"看病难、看病贵"的医疗服务状况。

B. InnoCentive

1. 公司历史简介

以创新（Innovation）和激励（Incentive）的缩写而命名的InnoCentive由美国礼来制药公司于2001年创立，是一家位于美国麻省理工的开放式创新和众包式研究公司。它将顶尖的科学家（问题解决者）和全球各地的有关机构（问题寻求者）所面临的相关科研挑战相匹配。该公司致力于使各行各业的公司、政府和非营利组织都能够拥有卓越的人力资源、知识资源的力量。

2. 公司的经营

作为平台型企业，InnoCentive通过国际网络悬赏寻求解决方案，促成"提问者"与"解答者"之间的联系与沟通。在InnoCentive的网站上，来自全球的公司（寻求者）可以提出其所需解决的科学挑战，而到网站注册的世界各地的科学家或人才（统称解决者）可以为这些挑战提供答案并有机会赢得奖金。实际上，该网站在全球的"聪明脑袋"和各有关公司的研发部门之间起到了桥梁的作用。它为面临各类科研难题的全球企业与顶尖科学家提供沟通的机会，促成难题需求者与供给者的快速配对，帮助企业低成本、高效率地实现创新活动。

经过短短几年的发展，InnoCentive已成为世界上最大的科技问题解决集市。迄今为止，InnoCentive已经运行2000多个外部挑战和1000多个内部挑战，在该过程中发放了超过2000万美元（约合1.38亿元人民币）的奖励。

04 商业模式的结构测评

本章中你将了解：

- 商业模式结构测评的价值
- 商业模式各板块要素的分类方法与基本类型
- 顾客价值的分类方法与 6 种基本类型
- 企业价值的分类方法与 8 种基本类型
- 21 类典型的要素商业模式及其主要属性

结构测评目的与价值

商业模式的结构测评就是通过考察商业模式各个维度上的要素特征，判别其类型，进而测评出全部要素组合的类型特征，即商业模式的结构特征。这个结构特征将对企业的盈利潜力空间、业务战略定位和业务绩效等产生影响。因此，结构测评是商业模式测评的主要内容，它有以下三个方面的主要价值：

第一，有助于人们判断企业的盈利潜力空间，包括大小、形状特征和主要影响因素。

第二，有助于企业决策层在商业模式重构、创新方面采取正确的行动。

第三，有助于企业在缔结创新性的合作网络过程中，使参与方正确判断合作前景、意义，并采取正确的合作策略。

测评思路与方法

一、测评的总体思路

商业模式结构测评的总体思路是：首先对商业模式五个维度（也就是企业利润支撑系统的五个要素）进行类别判断，再分别进行顾客价值创造和企业价值获取两个方面的组合测评，最后对两个组合的结果再进行组合测评，完成对商业模式的结构测评。

一件事物的类型，可以由其构成维度的不同组合来划分。比如，营销人员在分析某个目标市场的特征时，通常首先会设计出一些市场维度如性别、年龄、收入等，根据这些维度的不同刻度，组合形成不同类型的市场，由此识别该目标市场的基本特征。

当企业决策者在蓝图商业模式指引下分别实施了设计顾客价值主张、设计盈利模式等主题工程项目后，在商业模式的五个板块或五个维度上将分别形成相应的结果，这些结果的组合形成了一个个具体的商业模式，也就是要素商业模式（见图4-1）。

因此，商业模式的结构测评就是对要素商业模式的各个维度要素进行类别测评，然后再进行组合评估。商业模式的五个结构要素分别是顾客工作、企业对目标客户的专有引力、购买者态度、关键运营资源和关键合作资源。

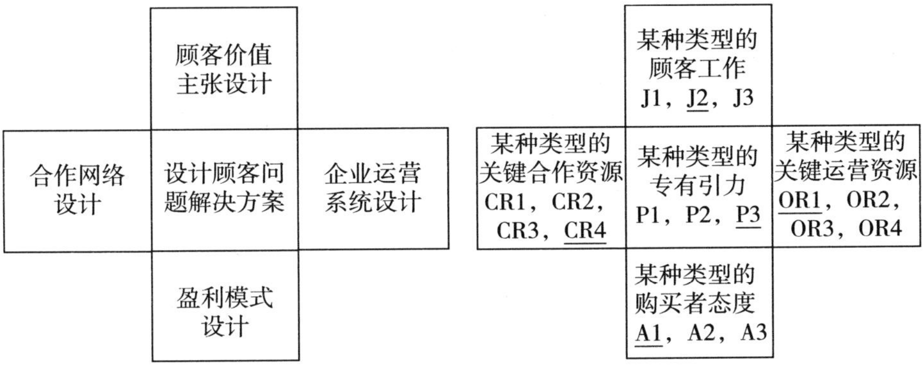

```
                  ┌──────────┐                          ┌──────────┐
                  │顾客价值  │                          │某种类型的│
                  │主张设计  │                          │顾客工作  │
                  │          │                          │J1, J2, J3│
    ┌────────┬────┴──────┬───┴─────┐          ┌─────────┼──────────┼─────────┐
    │合作网络│设计顾客问 │企业运营 │          │某种类型的│某种类型的│某种类型的│
    │设计    │题解决方案 │系统设计 │          │关键合作  │专有引力  │关键运营  │
    │        │           │         │          │资源      │P1, P2, P3│资源      │
    └────────┴────┬──────┴─────────┘          │CR1, CR2, │          │OR1, OR2, │
                  │盈利模式  │                │CR3, CR4  │          │OR3, OR4  │
                  │设计      │                └─────────┼──────────┼─────────┘
                  └──────────┘                          │某种类型的│
                                                        │购买者态度│
                                                        │A1, A2, A3│
                                                        └──────────┘
```

图 4-1 与蓝图商业模式对应的要素商业模式

二、各个维度要素的类型划分

1. 顾客工作的类型

企业完成顾客价值主张设计后，将导致两种客观结果：第一种，锁定了想要为之服务并获取收益的目标顾客；第二种，锁定了该类顾客的某项工作（见图4-2）。我们已经知道，所谓顾客工作就是该顾客为实现某个目的而实施的一组活动。为顺利完成该项工作，该顾客可能需要特定的工具（这是企业产品的市场基础），还可能需要帮手的辅助（这是服务的市场基础）。企业存在的理由，就在于目标顾客有开展某种工作的需要。因此，支撑顾客工作的因素就是企业开展经营的基础。顾客为什么要开展该项工作呢？从动机出发，我们可以划分出三大类顾客工作触发因素。

（1）N型工作。

这种情况下，顾客没有鲜明的动机，他们之所以想做某件事，可能仅仅是受外界影响单纯出于模仿（赶潮流），或者出于冲动。

（2）惯性型工作。

惯性型工作是指这样的情况：该项工作是受已经存在并被接受的秩序、规则等因素的驱动。惯性型工作与刚需有紧密联系。这里的"刚"就是指已经确立并且将继续得到确认的观念、秩序、规则、习俗等。例如，当某个主导的工艺技术要求的技术秩序仍然有效时，由这项工艺技术的应用派生出来的配套产品生产就是一个典型的惯性型工作。显然惯性型工作是一种"在位工作"。它对应的是显性需求。针对这种顾客工作虽然可以控制市场风险，但将面对较高的竞争压力。

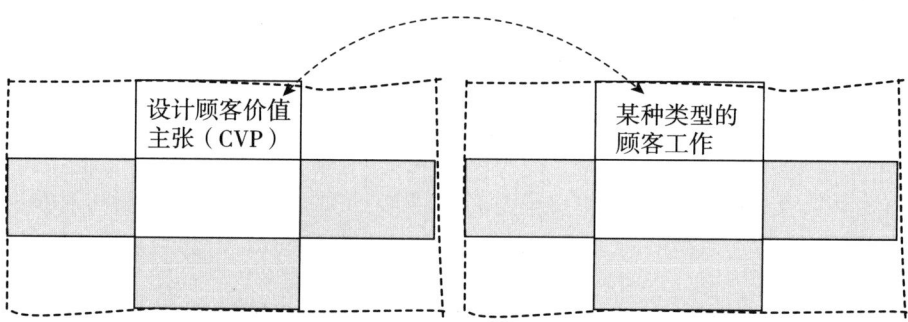

图4-2 顾客价值主张设计与顾客工作类型

显然，作为一种刚性活动，惯性型工作的顺利完成会被认为是理所应当的，而当这类工作未能正常完成时，顾客将会产生不满。例如，现代健康的理念和规则使我们接受并确认：早上刷牙是必须的，这是一项理所应当的惯性型工作。而使用牙膏牙刷等工具来刷牙则是开展这项工作的技术、工具和模式。因此每天正常刷牙被认为是理所应当的，而不能正常刷牙（如缺水、没有牙膏等）则会导致顾客不满。这种情况会使我们想起著名的保健型因素。这种因素的获得只能消除人们的不满（或不安），但不能带来满足感；而当这些因素未能获得时，将会产生不满和抗议。从这个意义上讲，我们也可将惯性型工作称为由保健型因素驱动的顾客工作。

（3）满意型工作。

满意型工作是指这样的情况：顾客工作的目的是为了获得享受（获得更好或从未有过的结果），而不是为了防止产生不满、失望、痛苦等负面情绪。由于技术、管理等方面的原因，这类工作尚未形成普遍确认的支撑技术、工具、模式等，简单说，这是一种创新性工作。例如，到外太空俯视我们出生的地球，这是很多人期待的一件事，它将给人们带来诸如幸福感、成就感之类的满足情绪；同样地，把寿命延长100年甚至300年，在目前来讲会使我们极为兴奋。以走向太空、延长寿命等为目的的工作就是满意型工作。

除了上述通过突破技术极限来支持实现的满意型工作以外，克里斯滕森所倡导的颠覆性创新也将刺激和支持一些"低端顾客"开展满意型工作。这些顾客有某个需求长期被压抑无法实现,而这些被压抑的需求往往又正是由于某些在位工作的开展而得到启发和刺激的,从这个意义上讲,颠覆性创新就是为了利用满意型因素而驱动一些满意型工作的开展。

由此可见,与惯性型工作不同,满意型工作的问题一旦得到解决,将引起顾客的满足感,而当这类工作未解决时,顾客只是隐忍,而不会像惯性工作那样产生不满和抱怨,因此我们有时也将满意型工作称为享受型工作,即以带来额外满足为目的的行动组合。

2. 供方专有引力的类型

通过对顾客问题完整解决方案的设计,企业将决定对其服务对象提供什么样的工作场景,顾客将通过在这个场景中完成工作而获得特定的体验和满足,因此顾客问题解决方案的状况将影响到企业特有的顾客价值创造能力。

企业和其竞争者之间这种价值创造能力的对比情况,将决定企业对其服务对象的专有引力的大小。之所以要特别强调专有引力,是因为只有专属于企业的吸引力才是影响企业提供的场景黏性的决定因素(见图4-3)。

专有引力中的"专有",是建立在特定基础之上的,我们可以根据这个基础的不同,来划分出不同类型的专有引力。

(1) N型引力。

N型引力是指这样的情况:该企业对目标顾客的吸引力不显著,或者不稳定,即引力时有时无。企业对顾客的影响不是建立在其顾客问题解决方案所能创造的独特顾客价值基础上的,而是靠兜售、与顾客内部人的合谋(当顾客是机构时),甚至欺诈、强买强卖等不当手段来实现的。

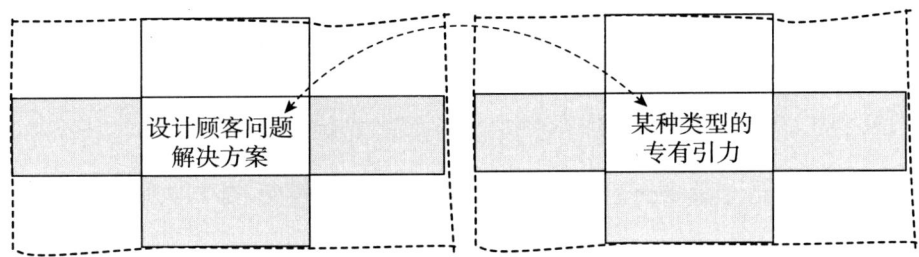

图 4-3　顾客问题解决方案与专有引力类型

(2)外生型引力。

所谓外生型引力,是指凭借外部因素而获得的不对称引力。典型的外部因素包括政府的准入政策、特定的区位、与企业有密切关系的利益相关者的庇护等。这些外部因素隔绝了其他企业的顾客问题解决方案对目标顾客的吸引力,造成该企业相对于竞争者的不对称优势。由于这种优势是在外部保护下获得的,故将建立在其上的专有引力称为外生型引力。

(3)控制型引力。

所谓控制型引力,是指该不对称的专有引力是由企业自身因素导致的,企业对其自身因素可以进行控制。典型的控制型引力包括但不限于技术优势、品牌资源、服务优势、具有独特功能的互补资源等。

(4)综合型引力。

综合型引力是指该类专有引力的基础，既有外生型因素，也有控制型因素。

3.购买者态度的类型

通过贯彻盈利模式设计企业将产生两方面结果：首先，明确未来将要出售的标的也就是交易物；其次，选择低价甚至免费提供给购买者的"赠与品"以博取购买者额外的好感。这两方面将共同决定支付者关于交易物价格的认同态度（见图4-4）。

显然，企业提高价格也就是溢价的能力是受到购买者对企业交易物的态度，也就是购买者对交易物感觉的性质强烈影响的。购买者对交易物越有好感，企业的溢价能力越强，反之越弱。为此，我们以购买者对企业提供的交易物的感知属性来划分其态度类型。

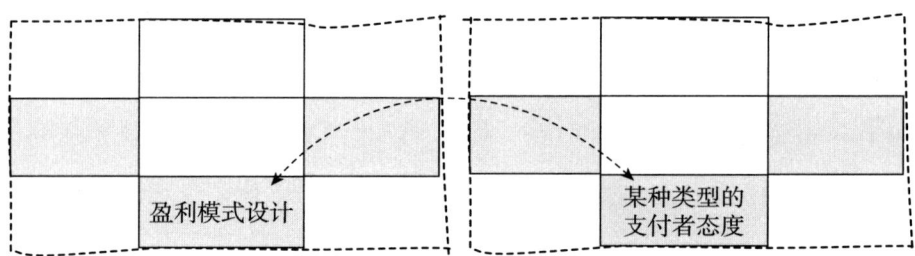

图4-4 盈利模式与购买者态度类型

（1）N型态度。

在这里，N型态度是指购买者偏好脱离了交易物价值状况时对待交易物形成的态度，这是一种非理性态度，它主要产生于购买者并非使用者，其个人利益与交易物价值无关时的情况。机构购买的决策者通常并不是交易物的使用者,如果该决策者是职业经理人而非所有者,那么当该企业激励制度存在缺陷时,该决策者就有可能对交易物采取 N 型态度。当然,N 型态度也有可能在购买者对交易物价值极度不了解时出现。虽然不排除 N 型态度导致对交易物的高价接受,但这种态度不可能形成对持续价格溢价的有效支撑。

(2)比较–好感型。

对于企业提供的交易物(有形产品和无形服务等),购买者需要在慎重比较的基础上形成好感,并根据好感程度做出价格认同决策。普通消费品、通用型轿车、没有特殊功能的家具等交易物的购买者都可能持有这种态度。

(3)习惯–便利型。

购买者的交易偏好来自此前形成的消费习惯,这种习惯可以是技术因素决定的,也可以是生活习惯决定的。顾客接受企业的价格,是因为此前形成的惯性认知,由于这种认知的存在,购买者省去了购买过程需要付出的一些努力,如搜索信息、获取知识、谈判交易等,因此可以说,习惯导致的便利性,是支撑这种态度的背后因素。

(4)独特–依赖感型。

企业提供的交易物对于购买者来讲,具有独特和不可替代的价值,以至于购买者对企业产生了依赖感,出于依赖而接受企业的价格安排。这种购买者态度通常见于市场上有良好口碑、供方独家供应且竞争者难以模仿的产品或服务。这些产品或服务可能有强大的品牌如茅台酒，但无品牌产品或服务同样也有可能造成独特性依赖，如某些针对特殊疾病或亚健康的特色理疗。一般讲，导致独特性依赖感的产品或服务，都建立在某个（些）有特殊功能且稀缺的资源基础之上。这些资源可以为企业独有，也可以是外部性的，或为两个方面的组合。

4. 关键运营资源的类型

通过"内部运营系统设计"这一专项构建工程，企业将确定核心工艺路线、关键流程的结构等。所有这些工艺要求都是为了保证企业所提供的场景具有一定的质量性能。在这些决定产能和场景品质的因素中，存在着对提供给服务对象的场景质量不可或缺、至关重要的影响要素，我们称此为关键运营要素。关键运营要素不仅决定着企业产出（顾客场景）的质量，也具有不同的应用阈值——在不影响产出质量的前提下可达到的最大产出（见图4-5）。

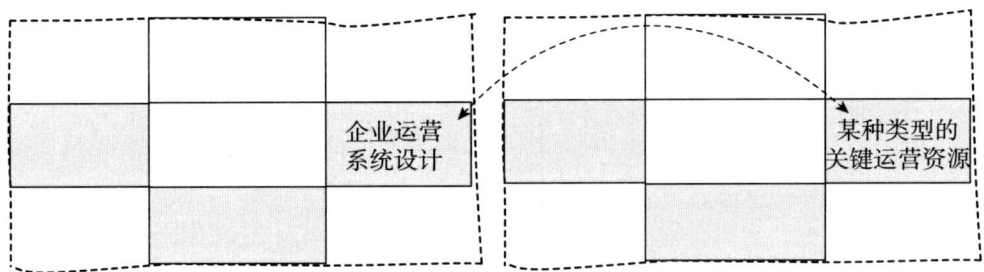

图 4-5 企业运营系统设计与运营资源类型

我们以标准化设备、人格化创意资源（艺术家）、品牌等三种资源为例，前两类资源存在明显且刚性的产能阈值，其中以第二类资源为创意资源的艺术家的产能阈值较低。但品牌资源却不存在产能阈值，使用这一资源的产品（服务）越多，它能够为之服务的产品（服务）就越多。

为此，我们以形态和产能阈值水平为依据对关键运营资源的类型进行划分：

（1）N类。

N类资源是指其形态、功能不明确的资源。当企业的关键资源属于这一类型时，该企业的运营成本具有不确定性，因而具有不可控性。

（2）有形低产能类。

这类资源是有形也就是可触摸的资源。有形资源的基本特点是：在一定时间内，由于其特定的功能和技术要求，往往效率较低，例如提供特种参数的检测设备、精密加工设备等。人格化的创意资源是产能最低的有形资源。

（3）有形高产能类。

这类资源是有形的，效率较高因而产能也高。典型的有形高产能资源有高度自动化生产线（装配线）、有超计算（存储）能力的云服务器等。

（4）无形类。

无形类资源具有这样的特点：其开发形成需要付出特殊和长期的努力，例如品牌资源、文化资源、软件系统等，而一旦形成，其使用成本极低甚至可为零。换句话说，这类资源的产能阈值是极高的。

5. 关键合作资源的类型

通过合作网络设计，或者说合作联盟的设计，企业将产生主要合作者群体，这些外部机构或个人之所以成为企业追求的合作者，是因为它们拥有企业需要的资源，这些资源将在以企业为主导提供的场景中发挥各自的作用，其中对企业提供的场景具有至关重要的作用且难以替代的合作者就是关键合作者。因此，合作网络的设计和构建将影响和导致某种类型的关键合作资源产生（见图4-6）。

对于外部合作资源，我们关心的是其使用成本问题，而这个成本是由企业与这些资源拥有者的关系状况决定的。当企业占有主动地位时，这个使用成本就较低，反之将趋高。因此，我们根据其相对于企业的关系属性来划分外部合作的类型。

（1）N型资源。

N型资源是指由于合作体系的不确定性，随机获得的外部合作资源。或者说，N型资源是一种不确定资源。这种资源类型将导致合作成本的不确定性，因而具有不可控性。

（2）自发型资源。

自发型资源是指这样的外部资源：它们以产品或服务等形式已经存在，其价格也基本确定；从企业角度看，这些资源有点类似标准化部件，当企业提供的场景需要时，它们可以类似"小插件"的角色接入场景。这些资源的优点是价格较低，缺点则是对场景的独特性支撑功能不显著。

（3）松散对价型资源。

松散对价型资源是指企业需要在市场或通过其他渠道搜索寻找到的资源。与上述自发型资源不同，这些资源通常需要扮演专门的角色，即提供特定功能的互补产品或服务，这些互补产品或服务需要有关合作者提供特殊型号或内容的服务，有时甚至需要专门设计开发。这些资源的价格需要企业和这些合作者进行交易谈判，按市场供需状况及双方的合作模式安排而确定。

（4）协议控制型资源。

这类资源的拥有者与企业签有长期合作协议，甚至与企业之间有交叉股权关系。我们称这类资源为协议控制型资源。在这样的协议关系下，该类资源的使用成本可得到较准确的控制。

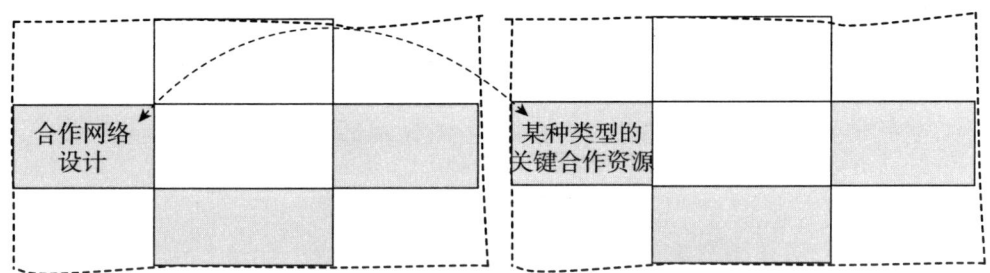

图 4-6　合作网络设计与关键合作资源类型

三、顾客价值与企业价值的分类

对商业模式五个板块的要素类型进行测评分类后，我们可以根据有关的要素组合，分别对顾客价值和企业价值进行分类。

1. 顾客价值的类型

根据顾客工作的类型和供方专有引力的类型,我们可以得到六类有意义的顾客价值,如表4-1所示。

表4-1 六种类型的顾客价值

供方专有 引力类型 \ 顾客工作类型	惯性型	满意型
外生型	转手型	管家型
控制型	医护型	顾问型
综合型	教导型	理财型

(1)转手型顾客价值。

顾客工作由惯性因素支撑,供方专有引力由外部因素支撑,也就是服务方主要借助外部要素来解决顾客的一个刚需工作问题。

(2)管家型顾客价值。

这里的顾客工作是满意型工作,也就是解决他们某个享受型或改进型问题。而企业的专有引力则要借助外部要素来予以支撑。

(3)医护型顾客价值。

这里的顾客工作由惯性因素支撑,供方专有引力由企业自身因素支撑,由于这是可控制因素,故为控制型专有引力。典型的控制型因素包括但不限于技术优势、品牌资源、服务优势、具有独特功能的互补资源等。二者组合构成了医护型顾客价值，即通过有特色的服务方案解决一个刚需工作问题。

（4）顾问型顾客价值。

这里的顾客工作是满意型工作，企业通过有特色的服务方案，来解决目标顾客一个关于"享受"的工作问题，通过服务特色赢得顾客好感而创造盈利基础。

（5）教导型顾客价值。

这里的顾客工作的惯性工作，可以理解为学生的学习、病人的康复努力等，企业为之提供高度专业化的服务和外部化资源的支持，这有点类似于教师给学生的专业补课。

（6）理财型顾客价值。

这里的顾客工作是满意型工作。针对这个享受型活动，企业综合应用外生型资源与内部控制性资源，形成综合型专有引力。商业银行私人银行的高端理财服务与这种情况较为类似。

2. 企业价值的类型

根据购买者态度的类型和内外部资源效率的类型，我们可以得到八类有意义的企业价值，如表4-2所示。

表 4-2　八种类型的企业价值

企业内外部产能 \ 购买者态度类型	比较-好感型	习惯-便利型	独特-依赖型
低—高	工匠型	摆摊型	创意型
高—低	苦力型	占地型	分摊型
高—高	开源型		盟主型

（1）工匠型企业价值。

购买者态度类型为比较-好感型，内部产能低，但外部资源较为丰富、成本较低。这一组合表明，企业提供的是较为成熟的解决方案（产品加服务），顾客对交易物的价值认同建立在对竞争性方案的比较之上，企业价值获取途径就是辛苦挣得的口碑。

（2）摆摊型企业价值。

购买者态度类型为习惯-便利型，内部产能低，但外部资源较为丰富、成本较低。这一组合表明，企业提供的产品或服务有较高的同质化程度，顾客对此类产品的购买行为经常重复，而对供方的偏好来自习惯性行为中的便利倾向，此时供方提供的交易物溢价能力较低。企业价值获取途径就是创造并维持消费的便利性，这需要供方与目标顾客保持稳定的联系。

（3）创意型企业价值。

购买者态度类型为独特-依赖感型，内部产能低，但外部资源较为丰富、成本较低。这种组合下企业的产品或服务有较高的差异化程度，因此有较高的溢价空间，同时由于关键资源的产能低，故运营成本较高，这种模式的获利途径主要是基于服务特色的溢价收入，也就是说赚的是差异化红利。

（4）苦力型企业价值。

购买者态度类型为比较-好感型，内部产能高，但外部资源成本较高。这一组合表明，顾客在比较基础上才可能形成好感，因此企业可溢价的空间受到市场竞争的限制，内部关键资源具有高产能，但外部互补资源的合作成本相对较高。

（5）占地型企业价值。

这是一种较为常见的企业价值类型。购买者态度类型为习惯-便利型，企业内部关键资源产能较高，但外部合作资源不确定。这一组合表明，该类型购买者态度与摆摊型一样，供方提供的产品或服务差异化程度较低（极端情况下甚至呈现同质化趋势），顾客的此类购买行为经常重复，他们对供方的选择偏好来自于受习惯支配的便利倾向，供方提供的交易物即销售物溢价能力较低。企业价值获取即赚钱的主要途径主要靠创造并维持消费的便利性，为此需要与目标顾客保持稳定的联系。与摆摊型不同之处在于，由于内部产能上的优势，占地型企业价值更注重通过市场占有率来获取更高的利益（如借助定价权获得更高的边际收益）。

（6）分摊型企业价值。

购买者态度类型为独特-依赖感型，内部产能高，但外部资源成本较高。这一组合表明，在综合型专有引力的作用下，购买者对交易物形成了基于供方独特性的依赖感，这就导致供方有能力溢价较高，但由于需要与外部互补资源进行有限度的博弈合作也就是进行松散型对价，因此企业将被合作者瓜分部分收益。

（7）开源型企业价值。

购买者态度类型为比较-好感型或习惯-便利型，内部关键资源和外部合作资源的产能均较高。这一组合表明，企业的运营成本较低，但销售物的溢价空间有限。由于运营资源具有高产能，企业可通过增加产出获取更多利润。

（8）盟主型企业价值。

购买者态度类型为独特-依赖感型，内部关键资源和外部合作资源的产能均较高。这一组合表明，企业的运营成本较低，且供方有能力溢价较高，由于内部关键资源为无形，该企业具有理论上的无限产能。同时，由于存在组织化程度较高的外部合作资源，这意味着企业可以用较低成本驱动互补资源与企业合作，由此强化顾客对企业的依赖。

21个典型的要素商业模式

一、搬运型商业模式

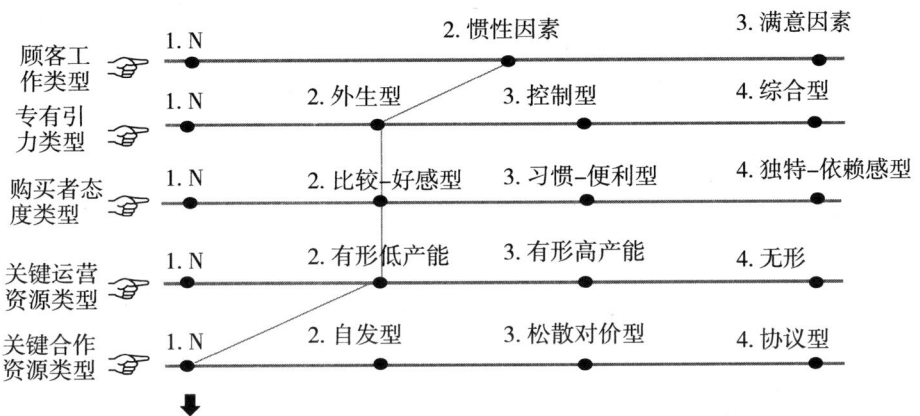

图 4-7 搬运型商业模式

如图4-7所示,顾客价值为(2,2)组合,即转手型顾客价值;企业价值组合为(2,2,1),此类型的企业价值为工匠型价值。

转手型顾客价值与工匠型企业价值的组合形成了搬运型商业

模式。其主要特点是：顾客工作是惯例性的，顾客问题解决方案较为单纯，且该方案凭借的核心资源已外部化。服务方关键运营资源为有形且产能较低。

总体来讲，搬运型商业模式由于产生红利途径较为单一，产能较低，需要通过形象、口碑等形成对顾客的吸引以便做成业务，产生营收，其盈利潜力空间体积偏小。

对搬运型商业模式盈利潜力进行进一步考察，会发现结构-盈利效应（Effect of Structure-Performance）测评的核心问题如下：

（1）惯性型顾客工作的规模。这可以用主体规模（顾客数量）与工作频率的乘积来检测。这里的主体规模是该企业所能作用到的目标顾客总体。

（2）外生型引力对比较-好感型购买者态度的支持程度。

搬运型商业模式往往由企业获得了外生型资源而触发，现实中，一些需要政府牌照的第三方鉴定、检测机构，当其内部关键资源产能受限时就容易形成此类商业模式。

为充分利用搬运型商业模式的盈利潜力，企业有两种业务战略可以选择：

第一种，响应战略。这是指企业可以始终盯住外生型资源可能的变化来调整自己的经营。为此需要积极参与有关的标准制定、参与资质标准认定和获取资质、推动某种时尚或潮流的形成或巩固等，确保自己的经营可以享受外生型资源的保护。

第二种，形象战略。这是指企业可通过积极的、创新型的措施来宣传自己的差异化与服务优势。这当中，对具有排他性质的外生型资源的功能和企业在应用这类资源方面所具有的优势是一个宣传的重点。

案例：寺庙运营的几种模式

尽管寺庙作为宗教机构并不是典型意义上的工商企业，但其运营仍然是有其商业模式的。我们可以扫描一下寺庙的商业模式结构特征。

顾客与顾客工作

顾客是有祈福、求签需求的个人或家庭。顾客工作是为自己、家人或其他关心的人谋求心理上的安全感。

专有引力支撑基础的类型

寺庙对其顾客产生的专有引力主要是建立在民众信仰、习俗与佛教文化的基础之上。相对组织的可控性而言这些资源是外生的。

购买者及其态度

顾客到哪座寺庙求签祈福经常是在比较基础上进行选择的，顾客会根据口碑流传，或自己的切身经验来判断哪家庙宇"更有灵性"，据此选择去哪里进香。

关键运营资源

大雄宝殿及其所供奉的佛、有名望的寺庙主持等在寺庙提供服务过程中属于关键资源。

关键合作资源

作为"方外"机构，寺庙并不在意是什么样的组织机构与其进行合作。

需要注意的是，这一商业模式是建立在该寺庙将其顾客的工作定位于祈福、求签等行为的前提下，这意味着该寺庙选择的顾客工作属于"惯性型"工作（由其生活中某个其他工作所引起的、旨在消除某种潜在的不满或遗憾的工作）；一个寺庙还会将顾客工作定位于"问前程"等满意型工作上，解决方案是算卦，那么商业模式中专有引力类型将改变为控制型；此外，该寺庙还可将顾客工作定位于帮助人们做善事，解决方案是举办救助善事活动，那么顾客工作的类型将改变为满意型工作。顾客工作定位不同，由此会产生不同的商业模式。

二、圈地型商业模式

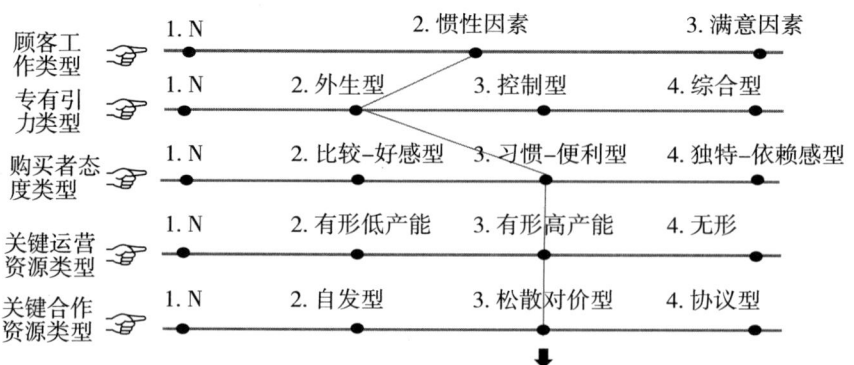

图 4-8　圈地型商业模式

如图4-8所示，顾客价值为（2，2）组合，即转手型顾客价值；企业价值获取方式则为（3，3，3）组合，此为占地型价值。

转手型顾客价值与占地型企业价值的组合形成了圈地型商业模式。其主要特点是：顾客工作是惯例性的，顾客问题解决方案较为单纯，企业的竞争优势主要来自它所创造的便利性。常见的例子是：针对人们在日常生活中的汽车加油、经常性购买的水果、日用品的采购而提供的服务。

虽然产生红利的途径比较单一（一般是通过使顾客感到便利来支撑有限的溢价），但可通过产能潜力来挖掘成本优势，因此盈利潜力空间中等偏低，但比搬运型商业模式盈利空间高一些。

对圈地型商业模式盈利潜力进行进一步考察，会发现结构-盈利效应测评的核心问题如下：

（1）惯性型顾客工作的规模。详见搬运型商业模式盈利潜力测评的相应部分。

（2）购买者购买行为的习惯机制。即该习惯建立在什么样的基础上？习惯的固化程度怎么样？习惯被改变的可能性与途径有哪些？习惯越强烈、越稳定，越有利于盈利潜力空间的扩展或巩固吗？

（3）购买者对便利性的敏感程度。这将决定前者对便利性的依赖程度，进而具体测评基于外生型资源的便利性对溢价的影响程度。

圈地型商业模式也有两个主要的促成因素：第一，是企业获得某种外生性资源，这使得企业可以较为方便地形成某种简洁或者是标准的顾客问题解决方案。第二,就企业所针对惯性型顾客工作而言(例如上班路上购买早餐、选购日用品、采购长期使用的配套协作件等),顾客对获得服务和相关的工作的便利性较为敏感。在这种情况下,当企业内部关键资源产能受限时就容易形成此类商业模式。

为充分利用圈地型商业模式的盈利潜力,企业有两种业务战略可以选择:

第一种,响应战略。详见搬运型商业模式的相关说明。

第二种,缝隙化战略。这是指企业可采取依附某个大型企业(联盟)的战略,在一个相对窄小但又有一定壁垒,尤其是需要模式所含的外生型资源的市场空间寻求生存与发展。

相应的业务战略有一个重点,即企业要充分挖掘外生型资源在创造顾客便利性方面的优势,不管这种优势有多大。

案例:社区超市的经营

连锁化的社区型超市是一种常见的经营业态,其商业模式大多属于圈地型商业模式。其结构特征为:

顾客与顾客工作

顾客为社区居民。顾客工作是便利地获取生活基本用品。

专有引力支撑基础的类型

社区型超市的专有引力与其位置有重大关联,而位置是一种外生型因素。

购买者及其态度

顾客选择哪家生活超市往往建立在便利性考量基础上。

关键运营资源

店面场所是一种有形资源，在连锁化体系中，其产能即服务能力也较高。

关键合作资源

社区超市的合作资源主要是其他生活品，如熟食、修理、干洗等生活服务资源，这些资源与超市没有联盟关系，属于自发型资源。

三、收费型商业模式

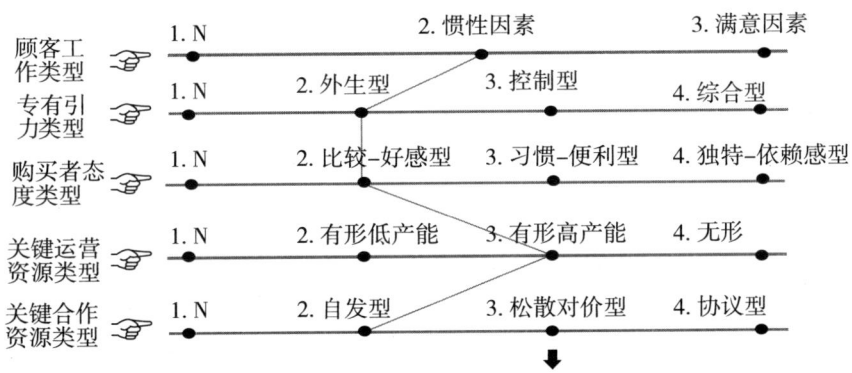

图4-9 收费型商业模式

如图4-9所示，顾客价值为（2,2）组合，即转手型顾客价值；企业价值组合为（2,3,2），即苦力型企业价值。

这种组合形成了收费型商业模式。其主要特点是：顾客工作是惯例性的，顾客问题解决方案较为单纯，企业主要依靠外部要素形成差异化优势。顾客需要在比较基础上才能形成购买决策，也就是说，顾客对交易物的溢价需要经过比较才能决定是否接受，因此溢价存在限制。

总体来讲，收费型商业模式由于产生红利的途径比较单一（比搬运型和医护型稍多一点），因此盈利潜力空间体积虽然大于搬运型模式和医护型模式，但仍属于盈利潜力相对较小的商业模式。

对收费型商业模式盈利潜力进行进一步考察，会发现结构-盈利效应测评的核心问题如下：

（1）惯性型顾客工作的规模。具体见搬运型商业模式盈利潜力测评的相应部分。

（2）外生型引力对比较-好感型购买者态度的支持程度。

（3）企业运营系统拥有的高产能资源与外生型引力的关系。主要考察测评在由外生型资源支撑的专有引力形成、维持和吸引顾客的过程中，企业内部的关键运营资源所具有的作用，以及这种资源对降低、控制运营总成本的支撑作用。这个问题关系到在既定的溢价能力和销售规模下，企业通过降低成本创造的边际利润。

收费型商业模式有三个主要的促成因素：

第一，企业拥有或新获得了某种外生型资源，借助这种资源，企业可以较为方便地形成某种简洁或者是标准的顾客问题解决方案，满足某个惯例化的顾客工作。

第二，企业拥有或新获得某些可服务于上述解决方案的高产能资源，使企业在控制成本方面有了一定条件或基础。

第三，企业外部存在较易获得的、上述顾客问题解决方案实施所需要的某种合作资源，这些资源可用于提供互补产品或配套服务。

为充分利用收费型商业模式的盈利潜力，企业有三种业务战略可以选择：

第一种，响应战略。详见搬运型商业模式的相关说明。

第二种，形象战略。详见搬运型商业模式的相关说明。

第三种，成本优化战略。企业可借助内部关键资源的高产能特性，形成并巩固成本优势，据此挖掘该模式所蕴含的成本红利。

案例：标准服务的综合物流中心经营

综合物流中心是一个重要的现代生产服务业，其商业模式大多属于收费型商业模式。其主要结构特征为：

顾客与顾客工作

顾客为从事物流服务的企业。顾客工作则是货物中转时的存放、保管、转运调度等。

专有引力支撑基础的类型

与上述超市经营一样，这里的综合物流中心的专有引力很大程度来自其特殊位置。这是一种外生型资源支撑的专有引力。

购买者及其态度

顾客在综合或专项比较的基础上形成对企业的偏好和价格认同。

关键运营资源

（标准化的）仓储库房、场地、保管设施等有形资源。

关键合作资源

快递、结算、餐饮等生活服务资源。通常是自发形成。

四、郎中型商业模式

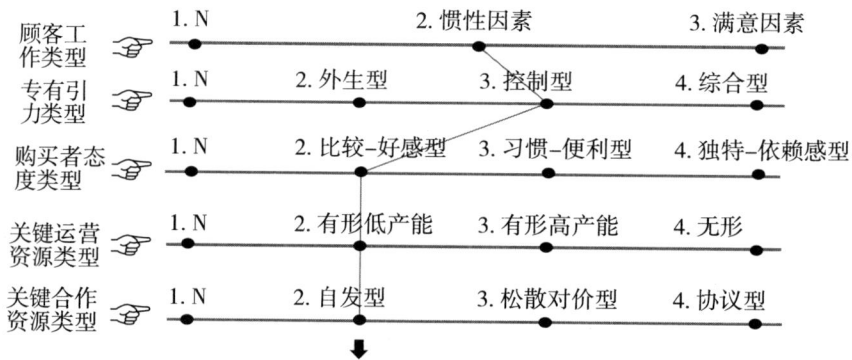

图 4-10　郎中型商业模式

如图 4-10 所示，顾客价值由（2，3）组合形成支撑，即为医护型顾客价值；企业价值则由（2，2，2）组合形成支撑，这是工匠型企业价值。

医护型顾客价值和工匠型企业价值的组合形成了郎中型商业模式，其主要特点是：顾客在惯性型工作（例如通过医生帮助解决身体健康问题）上获得了基于专业能力的服务，服务方关键资源为有形资源且产能较低，综合起来类似有经验的个体郎中的业务模式。这种模式的获利途径主要是通过提升和维持专业服务能力，也就是提升和保持控制型引力来创造并维系顾客好感，以此支撑服务方所期望的溢价。

总体来讲，郎中型商业模式可以自主控制针对顾客的专有引力，可以通过改进顾客问题解决方案的属性提升这种引力，据此提升或强化顾客对本企业的好感，这有助于企业提升溢价能力。因此，这个模式的盈利潜力空间比看护型、搬运型等模式的盈利潜力要高一些。

对郎中型商业模式盈利潜力进行进一步考察，会发现结构-盈利效应测评的核心问题如下：

（1）惯性型顾客工作的规模。详见搬运型商业模式盈利潜力测评的相应部分。

（2）控制型引力对比较-好感型购买者态度的支持程度。

（3）关键运营资源对控制型引力的作用机制及其影响因素。

郎中型商业模式主要有三个促成因素：

第一，存在一个较为成熟的市场，该市场上顾客的工作模式、偏好等基本成型且较为固定。

第二，企业拥有某种专业能力，这可能是产品优势，或者服务优势，或者二者的组合。这导致企业可以凭借上述优势寻求一定水平的溢价。

第三，企业的核心资源为有形且产能有限，这导致该类业务无法形成规模运营。

为充分利用郎中型商业模式的盈利潜力，企业有两种业务战略可以选择。

第一种，差异化战略。企业需要不断通过技术创新、组织创新、渠道创新等手段使其推出的顾客问题解决方案具有差异性，据此确保顾客通过比较有竞争性的解决方案形成对企业的固定偏好，提升企业的专有引力。

特别说明：这里提到的差异化战略就是迈克尔·波特（Michael E. Porter）在其《竞争战略》和《竞争优势》中所提出的差异化战略。不难看出，差异化战略的实质，就是要使控制型引力在促进目标顾客的形成关于企业解决方案（产品加服务）的"好感"时具有最大效用。而这个效用的价值就在于支撑企业形成尽可能高的溢价能力。

第二种，借力战略。这是指企业还可以通过引入互补性资源来丰富其顾客问题解决方案，增加其影响顾客的能力，即通过"借力"来提升溢价能力。

案例：个体牙医诊所的经营

个体牙医针对的是顾客（需要解决牙齿问题的个人）的惯性工作，虽然其水平、设备、收费等存在差异，但就商业模式而言（除了少数美容型牙医），大多属于郎中型商业模式。其主要结构特征为：

顾客与顾客工作

顾客为有牙齿、口腔问题的个人。顾客工作则是消除牙齿、口腔问题的行动。

专有引力支撑基础的类型

牙医诊所的专有引力主要建立在其治疗水平也就是医生的水平、设备及材料质量等可控因素上。

购买者及其态度

顾客在综合或专项比较的基础上形成对企业的偏好和价格认同。

关键运营资源

医生是一种典型的有形、低产能资源。

关键合作资源

牙医服务的合作资源主要有交通服务（往返牙医诊所）、消痛产品等。这通常是自发性的互补资源。

五、竞赛型商业模式

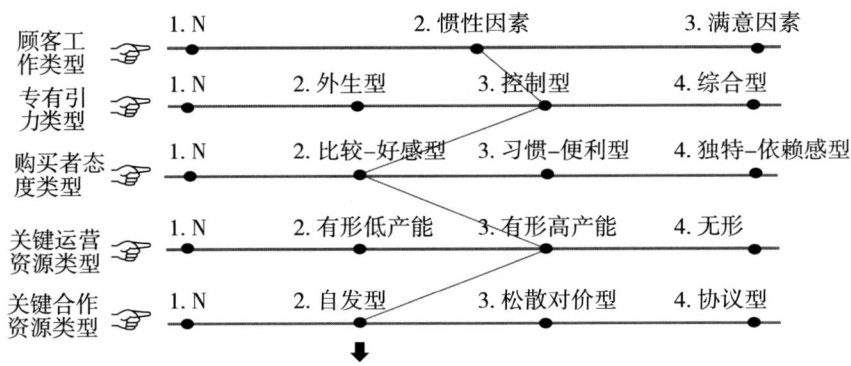

图 4-11　竞赛型商业模式

如图 4-11 所示，顾客价值为（2，3）组合，即医护型顾客价值；企业价值获取方式为组合（2，3，2），即苦力型企业价值。

医护型顾客价值与苦力型企业价值的组合形成了竞赛型商业模式。其主要特点是：顾客在惯性型工作上获得有特色的服务，卖方溢价空间存在由于购买者态度导致的限制。企业具有规模经营的条件，外部互补性合作资源较为丰富。竞赛型模式是传统工业经济时代最为广泛的一类商业模式，在大多数产业中，我们都可以看到这类模式的存在。

总体来讲，竞赛型模式由于其产能较高，企业可以通过增加产出降低成本而增加红利获取途径，因此其盈利潜力空间要大于郎中型，但由于溢价能力有限，故这个盈利潜力空间仍属中等水平。

对竞赛型商业模式盈利潜力进行进一步考察，会发现结构-盈利效应测评的核心问题如下：

（1）惯性型顾客工作的规模详见搬运型商业模式盈利潜力测评的相应部分。

（2）控制型引力对比较-好感型购买者态度的支持程度。

（3）内部关键资源的具体产能规模、影响因素及其影响机理。对此问题的具体考察测评将有助于判断评估该模式的成本优势情况。

（4）外部互补性资源对顾客问题解决方案的具体贡献情况。对此问题的具体考察测评有助于进一步判断这种成本较低的外部资源对企业溢价能力的影响状况，进而进一步测评该模式的盈利潜力情况。

竞赛型商业模式主要有三个促成因素：

第一，存在一个较为成熟的市场，该市场上顾客的工作模式、偏好等基本成型且较为固定。

第二，企业拥有某种专业能力，这可能是产品优势，或者服务优势，或者二者的组合。这导致企业可以凭借上述优势寻求一定水平的溢价。

第三，企业具有一定的产能优势，这个优势建立在某种有形资源上，如机器设备、建筑物、熟练工人等。

为充分利用竞赛型商业模式的盈利潜力，企业有两种业务战略可以选择：

第一种，差异化战略。详见郎中型商业模式的相关说明。

第二种，成本优化战略。也就是说企业要围绕内部关键资源进行生产组织设计（包括流程创新、后台支撑系统创新等）、供应链设计与创新，以便最大程度利用产能优势开创新的红利途径。

特别说明：这里提到的成本优化战略与波特的成本领先战略含义是相同的。我要再次强调，竞赛型商业模式优于郎中型商业模式的地方，就在于它多了一个获利途径：通过降低成本获取额外利润。

在这里我们可以发现一个重要事实：竞赛型商业模式所创造的盈利潜力空间，与波特等人所假设的产业结构，在影响企业的战略行为方面具有一定的相似性。事实上，竞赛型商业模式的确代表传统经济时代绝大多数企业所面临的产业环境。

竞赛型商业模式可以有多个亚类，通过前面提到的结构–盈利效应测评，企业可以进一步分析确认亚类的具体情况，然后，企业可以进一步决定应该采取什么样的业务战略以变现模式所蕴含的盈利潜力。

案例：电力系统配套产品的经验

电力系统配套产品的生产经营是一类较为典型的制造型业务，其商业模式大多属于竞赛型商业模式。其主要结构特征为：

顾客与顾客工作

顾客是电网公司部分发电企业。顾客工作是顾客在服务或生产过程中的设备维护或系统运营。

专有引力支撑基础的类型

电力配套产品企业的专有引力主要来自其自身的产品功能、服务能力等可控制因素。

购买者及其态度

顾客在综合或专项比较的基础上形成对企业的偏好和价格认同。

关键运营资源

企业的生产工艺设备等有形资源。

关键合作资源

主要是其他电力配套产品或服务，这里的合作关系比较薄弱。

六、撒网型商业模式

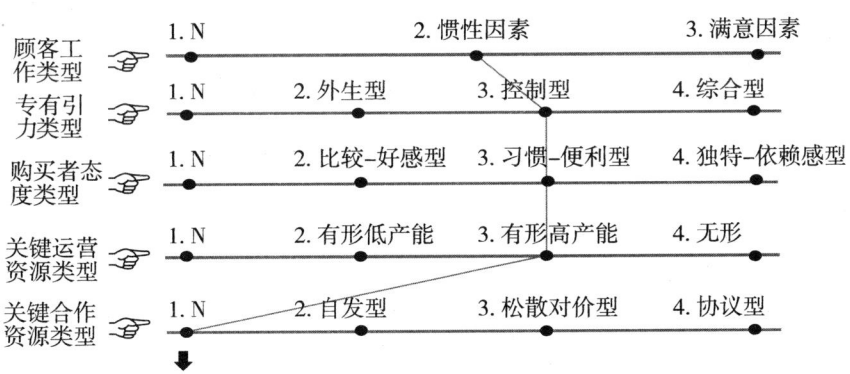

图 4-12　撒网型商业模式

如图 4-12 所示，顾客价值为（2，3）组合，即医护型顾客价值；企业获取价值为（3，3，1）组合，即占地型企业价值。

医护型顾客价值与占地型企业价值的组合构成了撒网型商业模式。其主要特点是：顾客在惯性型工作上获得有一定质量的服务，顾客对产品或服务质量认知比较成熟，企业主要通过自身的资源与能力创造不对称的市场吸引力。企业溢价建立在顾客对某种便利性的追求上，这种对便利性的追求来自顾客的某种消费也就是工作习惯。企业具有有形形态的高产能资源。但企业的外部合作资源与合作模式不确定，因此，企业提供的产品或服务较为单纯。

总体来讲，撒网型商业模式具有中等规模的盈利潜力空间。基于习惯–便利型偏好的溢价能力有限但较为稳定。虽然具有较高的内部产能，但由于外部合作效率不确定，因此该模式下企业能够满足的便利水平具有不确定性，这将对企业的盈利潜力产生影响。

对撒网型商业模式盈利潜力进行进一步考察，会发现结构–盈利效应测评的核心问题如下：

（1）惯性型顾客工作的规模，详见搬运型商业模式盈利潜力测评的相应部分。

（2）控制型引力对习惯–便利型购买者态度的支持程度。

（3）有形高产能资源对控制型引力的支撑机制和相应的影响因素。

（4）外部互补性资源对控制型引力的支撑作用及其作用机制。

撒网型商业模式主要有三个促成因素：

第一，存在一个较为成熟的市场，该市场上顾客的工作模式、偏好等基本成型且较为固定；尤其是，该市场上的目标顾客由于某种消费习惯的影响，对消费过程中的某种便利性具有一定程度的依赖。

第二，企业拥有某种专业能力，这可能是产品优势，或者服务优势，或者二者的组合。这导致企业可以凭借上述优势寻求一定水平的溢价。

第三，企业在提供服务方面拥有某个高产能的有形资源，如机器设备、建筑物、熟练工人等。

为充分利用撒网型商业模式的盈利潜力，企业有两种业务战略可以选择：

第一种，成本优化战略。详见竞赛型商业模式中关于此战略的说明。

第二种，形象战略。详见搬运型商业模式的相关说明。

案例：快餐连锁的经营

快餐服务需要产品的口味、卫生等属性符合顾客需求，这意味着这类经营的关键资源属于内部可控制资源，而当口味、卫生等达到基本需求时，便利性成为决定顾客购买决策的主要影响因素，因此这类企业的商业模式大多属于撒网型商业模式。其主要结构特征为：

顾客与顾客工作

顾客是家庭和个人,通常为上班工薪族。顾客工作是方便地解决用餐问题。

专有引力支撑基础的类型

某一服务商的专有引力主要来自其产品属性和服务属性,这属于控制型引力。

购买者及其态度

顾客对服务方的偏好态度主要建立在关于便利感的认知基础上。

关键运营资源

制作、存储、运输设备等有形资源。

关键合作资源

大多数快餐连锁经营的外部合作资源往往是无组织化的。

七、联盟型商业模式

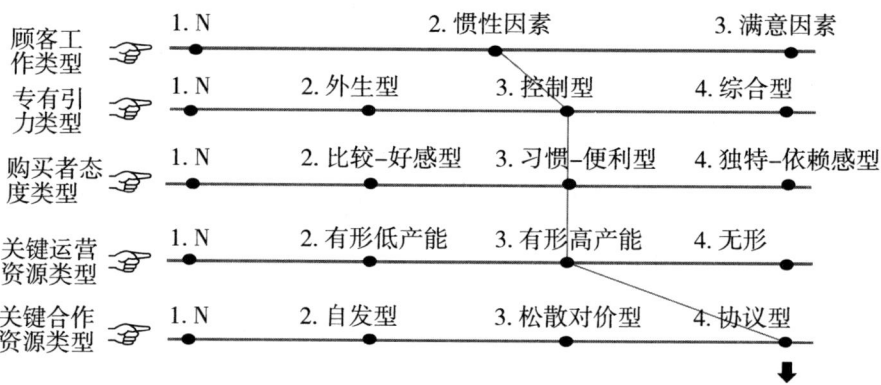

图 4-13 联盟型商业模式

如图 4-13 所示，顾客价值为（2，3）组合，即医护型顾客价值；企业价值获取模式为（3，3，4），也就是开源型价值获取模式（详见竞赛型模式的相关说明）。

医护型顾客价值和开源型企业价值的组合构成了联盟型商业模式。该模式的主要特点与上面分析的撒网型商业模式基本相同，二者的不同点是：联盟型模式具有一个功能、关系较为稳定的外部合作网络，这意味着该模式在提供目标顾客的便利感方面具有更多的途径手段，因此，其溢价能力也相对较高。

总体来讲，联盟型模式的盈利潜力空间属于中上等水平。该模式盈利潜力空间的主要限制来自它所具有的控制型专有引力对顾客的便利获得感的影响具有不确定性。

对联盟型商业模式盈利潜力进行进一步考察，会发现结构-盈利效应测评的核心问题如下：

（1）惯性型顾客工作的规模。详见搬运型商业模式盈利潜力测评的相应部分。

（2）控制型引力对习惯-便利型购买者态度的支持程度。

（3）有形高产能资源对控制型引力的支撑机制和相应的影响因素。

（4）协议型外部资源的规模、效能测评，以及这种资源对控制型引力的支撑机制测评。

联盟型商业模式主要有四个促成因素：

第一，存在一个较为成熟的市场，该市场上顾客的工作模式、偏好等基本成型且较为固定，并且对消费的便利性较为敏感。

第二，企业拥有某种可自我控制的专业能力。详见撒网型商业模式的成因分析。

第三，企业在提供服务方面拥有某个高产能的有形资源。详见撒网型商业模式的成因分析。

第四，企业拥有较为丰富的外部合作资源。为充分利用"联盟"型商业模式的盈利潜力，企业有三种业务战略可以选择。

第一种，成本优化战略。详见竞赛型商业模式中关于此战略的说明。

第二种，形象战略。详见搬运型商业模式的相关说明。

第三种，联盟化战略，即企业可充分挖掘外部合作资源的潜力，为企业的顾客问题创新寻求资源支撑，通过顾客问题解决方案的创新来强化顾客对于本企业服务便利性的认知与认同，据此为较高水平溢价或更低的运营成本提供支撑。

案例：汽车售后经营服务

汽车售后服务是城镇居民的基本消费之一，这类服务机构的商业模式大多属于"联盟"型商业模式。其主要结构特征为：

顾客与顾客工作

顾客是有车族（包括有车机构）；顾客工作为保证车辆处于完好的可使用状态。

专有引力支撑基础的类型

服务方主要依靠服务质量吸引顾客，而服务质量是由企业自身控制的，故为控制型引力。

购买者及其态度

当企业主要提供标准化服务时，顾客的选择态度主要由基于习惯的便利感决定。

关键运营资源

这类服务机构的关键运营资源主要是专用设备，如洗车机、检测仪等，其产能是可以通过增加设备规模来增加的。

关键合作资源

合作资源主要是汽车零部件、车载用品等，服务机构与这些互补品提供商通常会有较为规范的合作协议。

八、御医型商业模式

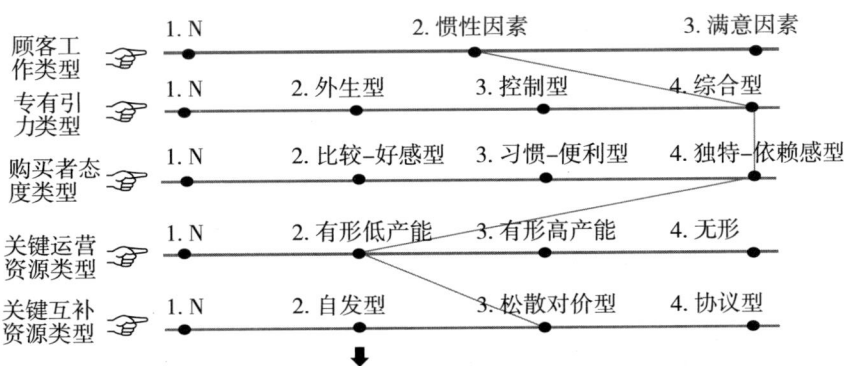

图 4-14 御医型商业模式

如图 4-14 所示，顾客价值由（2，4）组合构成，即教导型价值；企业价值获取模式由（4，2，3）构成，即创意型企业价值。

管家型顾客价值和创意型企业价值的组合构成了御医型商业模式。该模式的主要特点是：针对顾客的某个惯性化工作提供有高度特色的解决方案，以至于顾客对企业产生了基于供方独特性的依赖感。企业产能受限于关键资源的低产能，存在外部合作资源但缺乏有意识的合作组织。这有点类似于传统社会里的高级医疗专家（御医）为小规模顾客（皇家权贵）提供服务的模式，故命名为御医型商业模式。

总体来讲，御医型模式的盈利潜力空间比此前我们分析的其他商业模式的盈利潜力都要高一些。这主要得益于该模式较高的溢价能力和利润保护能力（借助外部资源形成的顾客问题解决方案）。当然，该模式由于企业产能的限制，其盈利潜力并未达到最大。

对御医型商业模式盈利潜力进行进一步考察，会发现结构-盈利效应测评的核心问题如下：

（1）惯性型顾客工作的规模测评。详见搬运型商业模式盈利潜力测评的相应部分。

（2）综合型引力对依赖供方解决方案的购买者的支持程度。

（3）综合型引力对竞争者引力的抵御机制与抵御能力测评。

御医型商业模式主要有三个促成因素：

第一，存在一个较为成熟的市场，该市场上顾客的工作模式、偏好等基本成型且较为固定。

第二，企业拥有内部的核心资源，以及与企业产出形成互补的外部资源，因此具有较强的顾客影响能力，以至于可造成顾客的依赖感。

第三，企业的产能受到内部关键的效率限制。为充分利用御医型商业模式的盈利潜力，企业有两种业务战略可以选择：

第一种，差异化战略。详见郎中型商业模式的相关说明。

第二种，响应战略。详见搬运型商业模式的相关说明。

案例：名医堂的运营

在中国及东南亚一些国家，有丰富经验的中医组成的名医堂（或类似名称）开展的中医诊疗，对一些群体来讲，具有较强的认同感。这种认同既可能来自传统与文化的影响，也可能来自中医诊疗对某些健康问题的特有效果。这类机构的商业模式大多属于"御医"型商业模式，其主要结构特征为：

顾客与顾客工作

顾客是有健康问题需要解决的个人；顾客工作则是其在有健康问题或感觉有健康问题的情况下寻求恢复或保持健康的行动。

专有引力支撑基础的类型

名医堂的专有引力既有来自外部的文化、传统因素支撑，也得到机构自身的能力、服务质量等顾客控制因素的影响，故为综合型专有引力。

购买者及其态度

购买者通常为消费者。对于名医堂而言，购买者通常具有一定程度的依赖性，尤其是在诊疗还没有结束之前。

关键运营资源

名医堂这类机构的关键运营资源就是有丰富经验的名医们。这是典型的低产能有形资源。

关键合作资源

与名医堂形成合作的资源有交通服务资源、药材资源等，其拥有者与名医堂的合作介于自发与松散协议之间。

九、特效药型商业模式

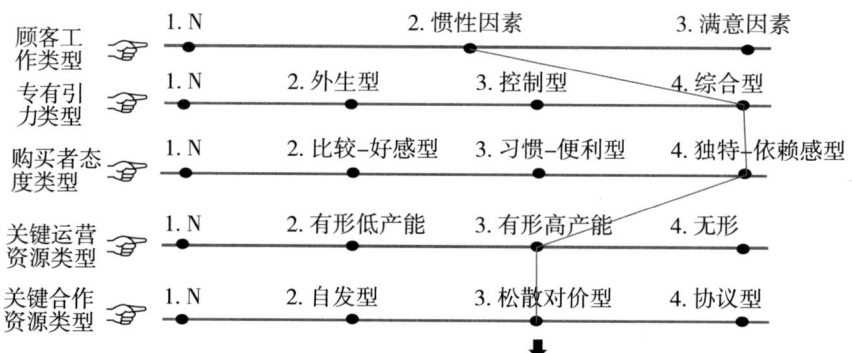

图 4-15 特效药型商业模式

如图 4-15 所示，顾客价值由（2，4）组合构成，也就是教导型顾客价值；企业价值模式为（4，3，3）组合，即分摊型企业价值。

教导型顾客价值和分摊型企业价值的组合构成了特效药型商业模式。该模式的主要特点是：针对顾客的某个惯性化工作，例如借助医疗手段解决某个健康问题（如失眠），提供专门解决方案。由于这类解决方案具有高度特色以至于顾客对企业产生了基于供方独特性的依赖感，这有点类似一些癌症患者对特效药的高度依赖，故我将此特征的模式称为特效药型商业模式。

总体来讲，特效药型模式比上面我们分析的御医型商业模式的盈利潜力要高一些。这主要得益于该模式相对较多的盈利途径也就是红利来源：它不仅可以通过较高程度的独特性来支撑差异化红利；同时，也可以通过内部节流降低成本，获取规模红利。

对特效药型商业模式盈利潜力进行进一步考察，会发现结构－盈利效应测评的核心问题如下：

（1）惯性型顾客工作的规模测评。详见搬运型商业模式盈利潜力测评的相应部分。

（2）综合型引力对独特－依赖感型购买者态度的支持程度。

（3）关于高产能资源对企业产出规模的影响能力测评。

特效药型商业模式主要有三个促成因素：

第一，存在一个较为成熟的市场，该市场上顾客的工作模式、偏好等基本成型且较为固定。

第二，企业拥有内部的核心资源，以及与企业产出形成互补的外部资源，因此具有较强的顾客影响能力，以至于可造成顾客的依赖感。

第三，企业具有高产能的关键运营资源，这使得企业可以以可接受的成本扩张产出规模。

为充分利用特效药型商业模式的盈利潜力，企业有三种业务战略可以选择：

第一种，差异化战略。详见郎中型商业模式的相关说明。

第二种，响应战略。详见搬运型商业模式的相关说明。

第三种，成本优化战略。详见竞赛型商业模式中关于此战略的说明。

案例：高性能芯片研制业务运营

一些高性能芯片的研发制造业务，其商业模式大多属于特效药型商业模式。其主要结构特征为：

顾客与顾客工作

顾客为需要某种特殊性能芯片的企业（或科研机构），如手机、医疗设备、车联网设备的制造企业等；顾客工作是获取为其产品如手机等所需的专用芯片。

专有引力支撑基础的类型

芯片研制企业对其客户的专有引力，既有外部因素支撑，如与其有密切渊源的国家或国际标准、某些资质等，又有内部支撑因素，如研发能力、服务优势等，这种因素的最极端形式就是某个可作为商业生态系统基础的平台。

购买者及其态度

购买者为上述手机、医疗设备等生产经营机构，它们对提供方的偏好建立在前者对后者的依赖性上。

关键运营资源

芯片研制企业的关键运营资源主要是生产制造及检测等方面的有形设备。其产能通常较高。

关键合作资源

与高性能芯片形成合作的外部资源如某些软硬件，一般来说与前者协作的组织较为松散。

十、视窗型商业模式

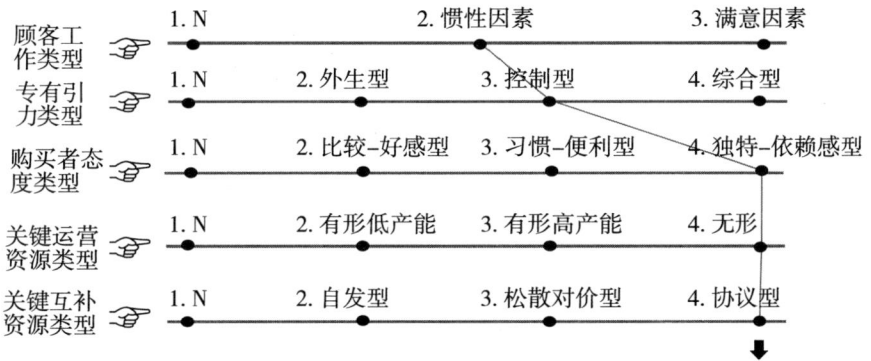

图 4-16　视窗型商业模式

如图 4-16 所示，顾客价值由（2，3）组合构成，即医护型顾客价值；企业价值模式为（4，4，4）组合即为盟主型企业价值。

医护型顾客价值和盟主型企业价值的组合构成了视窗型商业

模式。该模式的主要特点是：针对顾客的某个惯性化工作，企业提供具有高度差异化的解决方案并据此导致顾客对企业的依赖；企业的关键运营资源为无形资源，且具有一个组织较好的外部合作体系，使得企业可以持续享受较高水平的产品溢价；企业的特色以及庞大的外部合作体系，使得企业享受较为稳定的利润保护。这些特征与微软视窗操作系统业务较为相似，故我将此模式称为视窗型商业模式。

总体来讲，视窗型商业模式比上面分析的特效药型模式的盈利潜力要更高一些，这主要得益于该模式内外部资源所具有的双重功能：既能对企业的控制型引力提供支撑，又为企业运营成本的降低提供了坚实的支撑。

需要特别说明的是：该模式所拥有的协议型合作资源可以通过多种途径获得。其中，通过提供一个平台来构建一个以企业为核心的商业生态系统是迄今较为彻底的一种获取协议型互补资源的方式。微软即是如此构建了一个专属于自己的商业生态系统。也就是说，借助平台来获取并维系外部合作资源只是该模式的一个亚类。

对视窗型商业模式盈利潜力进行进一步考察，会发现结构－盈利效应测评的核心问题如下：

（1）惯性型顾客工作的规模测评。详见搬运型商业模式盈利潜力测评的相应部分。

（2）控制型引力对独特－依赖感型购买者态度的支持程度。

（3）作为关键运营资源的无形资源在整体运营系统中的作用测评。

（4）企业获取协议型合作资源的方式测评。这一方式将影响到维持这种协议型资源的成本，包括隐形成本。

为充分利用视窗型商业模式的盈利潜力，企业有三种业务战略可以选择：

第一种，差异化战略。详见郎中型商业模式的相关说明。

第二种，成本优化战略。详见竞赛型商业模式中关于此战略的说明。

第三种，平台化战略。这个战略就是企业通过创新性构建某种特殊功能的服务平台，以此为基础形成以企业为核心的商业生态系统。

案例：滴滴打车或美团打车的业务经营

滴滴打车平台针对个人的出行叫车行为提供差异化的解决方案。其主要结构特征为：

顾客与顾客工作

顾客为出行有叫车行为的个人；顾客工作则是联系到服务车辆。

专有引力支撑基础的类型

支撑滴滴打车平台专有引力的因素是该服务机构的技术服务能力与合作资源，在总体上讲属于可控性要素。

购买者及其态度

购买者基本为乘车人。后者对滴滴平台的偏好建立在由于服务的高度差异化（相对传统交通服务模式）而形成的顾客依赖上。

关键运营资源

滴滴打车的关键资源就是其呼叫-调度平台，虽然这个平台含有硬件资源，但软件系统是其核心部分，这是典型的无形资源。

关键合作资源

从打车平台角度讲，线下实际运营的汽车就是主要合作资源，平台与这些资源具有较为紧密的协议关系。

这里需要说明的是，由于美团等平台的加入，潜在顾客对滴滴打车的依赖性受到一定影响。如果不能形成市场均衡，那么不论是滴滴打车还是美团打车都有可能退化为联盟型或者撒网型商业模式。

十一、景点型商业模式

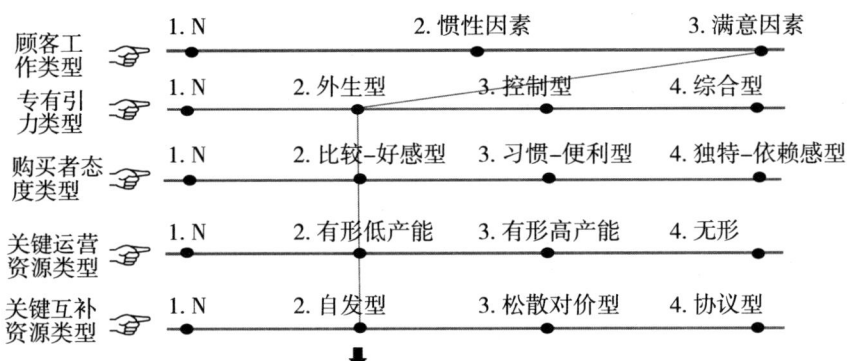

图 4-17　景点型商业模式

如图 4-17 所示，顾客价值由（3，2）组合构成，我们称此为管家型顾客价值；企业获取价值的方式为（2，2，2），如前所述，这是一种工匠型企业价值。

管家型顾客价值和工匠型企业价值的组合构成了景点型商业模式。其主要特点是：企业主要依靠外部资源，为目标顾客的享受型工作提供服务，购买者在比较竞争者方案或场景的基础上形成关于企业的偏好，因此企业溢价存在限制。关键运营资源为有形且产能较低，存在外部合作资源，但合作模式并不固定而是随行就市。综合这些特征看，依赖自然属性形成的景点经营与此较为相似，故称此模式为景点型商业模式。

总体来讲，景点型商业模式由于溢价存在限制且关键资源产能受限，故其盈利潜力空间也相对较小。其盈利途径主要建立在专有引力外部基础上，也就是说，由于创造专有引力不需要企业自有资源，故可通过节约途径产生资源红利。

对景点型商业模式盈利潜力进行进一步考察，会发现结构-盈利效应测评的核心问题如下：

（1）满意型顾客工作的规模测评。详见搬运型商业模式盈利潜力测评的相应部分。

（2）外生型引力的差异化水平。差异化程度越高，购买者对企业的偏好就越强烈，交易物溢价空间就越大。

（3）关键运营资源的具体效率及其对运营成本影响的测评。

为充分利用景点型商业模式的盈利潜力，企业有两种业务战略可以选择：

第一种，形象战略。详见搬运型商业模式的相关说明。

第二种，响应战略。详见搬运型商业模式的相关说明。

案例：海滩酒店的经营

位于海水、沙滩、阳光等景观资源优越、稀缺位置的海滩酒店，其商业模式大多属于景点型商业模式。其主要结构特征为：

顾客与顾客工作

顾客是前来休闲度假的个人、家庭、团体等；顾客工作是通过身心放松获得物质与精神上的享受。

专有引力支撑基础的类型

上述海滩酒店的专有引力主要建立在其位置与自然环境尤其是海水、沙滩的质量等外部因素基础上，故其专有引力为外生型引力。

购买者及其态度

购买者通常为消费者本人，他们对某个海滩酒店的偏好建立在关于海水、沙滩、服务等因素的比较基础之上。

关键运营资源

关键运营资源为酒店客房及专业服务人员（如救生人员等）。这些有形资源的产能通常是有限制的。

关键合作资源

与这类酒店形成合作的资源，如交通服务、娱乐服务等，通常是自发形成的。

十二、头条型商业模式

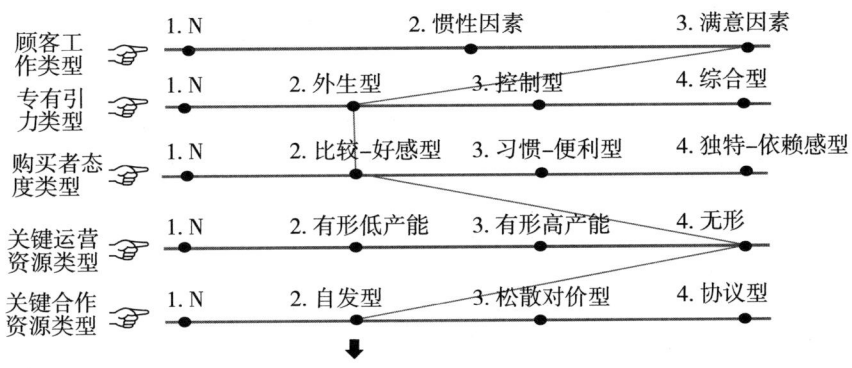

图 4-18　头条型商业模式

如图 4-18 所示，顾客价值由（3，2）组合构成，即管家型顾客价值，企业获取价值的方式为（2，4，2），这是一种开源型企业价值。

管家型顾客价值和开源型企业价值的组合构成了头条型商业模式。其主要特点是：企业主要依靠外部资源，为目标顾客的享受型工作提供服务，购买者在比较竞争者方案或场景的基础上形成关于企业的偏好，因此企业溢价存在限制。与上面的景点型模式不同，这一模式的关键运营资源具有较高产能，这意味着该模式相对前者具有更多的利润挖掘途径。以今日头条为代表的内容服务经营就具有上述特征，故称此为头条型商业模式。

总体来讲，头条型商业模式盈利潜力空间比景点型模式要高。其主要盈利潜力来源于外生型资源所能创造的顾客满意水平，以及内部运营资源所能产生的成本优势。

对头条型商业模式盈利潜力的进一步考察，与前面介绍的景点型模式相同。

为充分利用头条型商业模式的盈利潜力，企业有三种业务战略可以选择：

第一种，形象战略。详见搬运型商业模式的相关说明。

第二种，响应战略。详见搬运型商业模式的相关说明。

第三种，成本优化战略。详见竞赛型商业模式中关于此战略的说明。

案例：今日头条经营

内容服务商今日头条的商业模式属于头条型商业模式。其主要结构特征为：

顾客与顾客工作

顾客是作为C端的个人；顾客工作是获得精神上的满足与享受。

专有引力支撑基础的类型

作为内容服务商，今日头条提供的内容主要来自其外部的个人或机构，主要为各类自媒体，支撑今日头条的专有引力主要由这些外部要素支撑，故为外生型引力。

购买者及其态度

购买者主要为各类广告主，包括个人（如形形色色的"网红"）和企业（如实体企业与专业广告公司）。这些购买者关于今日头条的偏好主要建立在系统比较的基础上。

关键运营资源

今日头条的关键运营资源为其软件编辑与推送系统（此后它可能还会通过系统升级不断丰富其客户端功能），这是标准的无形资源。

关键合作资源

与其形成合作的资源较为分散，包括从线下的某些实物产品和线上的其他内容。这种合作主要是自发的。

十三、定装型商业模式

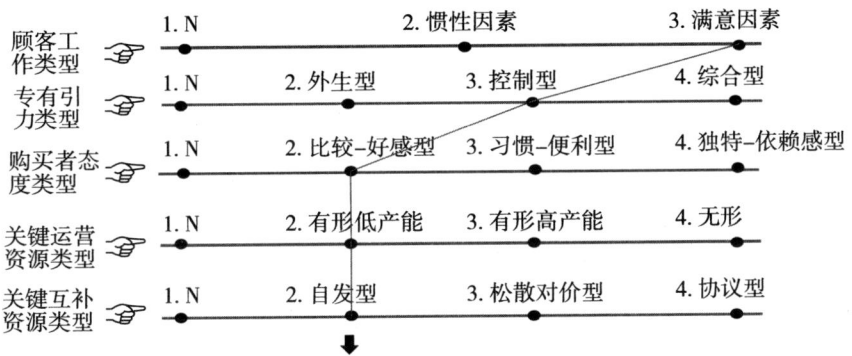

图 4-19　定装型商业模式

如图 4-19 所示，顾客价值由（3，3）组合构成，此为顾问型顾客价值；企业获取价值模式则为（2，2，2），即工匠型价值获取方式。

顾问型顾客价值和工匠型企业价值的组合构成了定装型商业模式。其主要特点是：企业针对目标的某个享受型工作提供服务，通过自身可控的资源创造针对顾客的专有引力，顾客对于交易物的认同和价格接受需要通过对竞争产品（竞争性解决方案）的比较后作出。企业的关键运营资源为有形资源且产能较低，存在外部互补资源但合作的组织化程度低。这种情况的业务与服装定制包括设计、用料选择和制作较为相似，故我把它称为定装型商业模式。

总体来讲，定装型商业模式的溢价能力与头条型模式一样存在限制。但与头条型模式不同的是，定装型模式可以通过可控的资源能力增强顾客问题解决方案的吸引力，由此为影响顾客的购买决策行为提供支撑。

对定装型商业模式盈利潜力进行进一步考察，会发现结构－盈利效应测评的核心问题如下：

（1）满意型顾客工作的规模测评。详见搬运型商业模式盈利潜力测评的相应部分。

（2）控制型专有引力的差异化水平。差异化程度越高，购买者对企业的偏好就越强烈，交易物溢价空间就越大。这对定装型模式盈利潜力空间的影响很大，需要重点测评。

（3）关键运营资源的具体效率及其对运营成本影响的测评。

为充分利用定装型商业模式的盈利潜力，企业有两种业务战略可以选择：

第一种，差异化战略。详见郎中型商业模式的相关说明。

第二种，形象战略。详见搬运型商业模式的相关说明。

案例：软装设计公司的经营

软装是指室内装潢，包括展示品、绘画、装饰品等美观用品装潢，目前软装设计公司的商业模式大多属于定装型商业模式。其主要结构特征为：

顾客与顾客工作

顾客是需要室内装修的家庭或机构；顾客工作是使指定空间看上去美观，使人感到赏心悦目。

专有引力支撑基础的类型

软装设计公司的专有引力基本来自于它的设计、创意与相关的服务能力，这是典型的控制型引力。

购买者及其态度

购买者通常为顾客本人，其偏好建立在对服务机构的比较基础上。

关键运营资源

关键运营资源是设计师，这是典型的低产能有形资源。

关键合作资源

与软装设计形成合作的资源通常是自发形成的，主要有用品提供商、安装者等。

十四、哈啤型商业模式

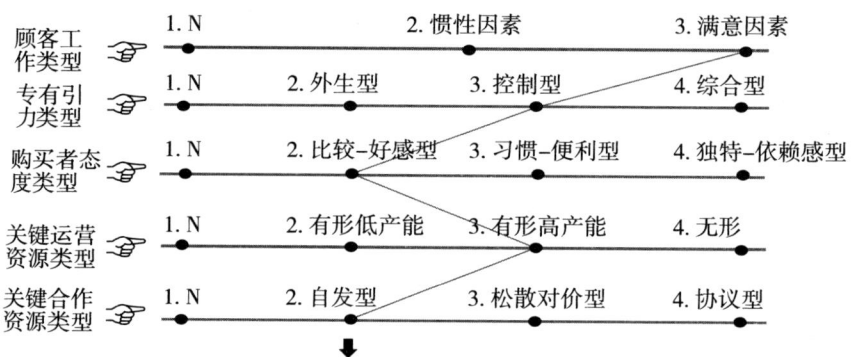

图 4-20 哈啤型商业模式

如图 4-20 所示，顾客价值由（3，3）组合构成，即顾问型顾客价值；企业价值获取方式则由（2，3，2）组合构成，即苦力型企业价值。

顾问型顾客价值和苦力型企业价值的组合构成了哈啤型商业模式。其主要特点是：企业针对目标的某个享受型工作提供服务，通过自身可控的资源创造针对顾客的专有引力，顾客对于交易物的认同和价格接受需要通过对竞争产品的比较后作出。企业的关键运营资源为有形资源且产能较高，存在外部互补资源但合作的组织化程度低。这种情况与哈尔滨啤酒等酒类消费品经营较为相似，故我将其称为哈啤型商业模式。需要注意的是，同样是酒类产品，茅台酒的运营，在购买者态度类型上与上述啤酒存在差异：前者的购买者态度属于独特－依赖感型，因此茅台酒的企业价值获取方式就接近（4，3，4）即盟主型。

总体来讲，哈啤型商业模式的盈利潜力与定装型商业模式一样属于中等偏低。

对哈啤型商业模式盈利潜力进一步考察，会发现与定装型商业模式的核心问题相同。

为充分利用"哈啤"型商业模式的盈利潜力，企业有三种业务战略可以选择：

第一种，差异化战略。详见郎中型商业模式的相关说明。

第二种，形象战略。详见搬运型商业模式的相关说明。

第三种，成本优化战略。详见竞赛型商业模式中关于此战略的说明。

案例：啤酒公司的经营

中高端啤酒生产企业的商业模式基本属于哈啤型商业模式。其主要结构特征为：

顾客与顾客工作

顾客是喜饮啤酒者；顾客工作是获得味觉乃至精神上的享受。

专有引力支撑基础的类型

提供方的专有引力建立在其啤酒质量、口感、价格等因素基础上，这些因素均为内部控制因素，故专有引力为控制型引力。

购买者及其态度

购买者通常是消费者，其选择偏好主要建立在对竞争性产品的比较基础上。

关键运营资源

啤酒生产经营的关键运营资源是有关的工艺设备。这是一种有形资源，且其产能阈值也较高。

关键合作资源

与啤酒形成合作的资源主要为自发型资源，如酒杯等。

十五、棋牌室型商业模式

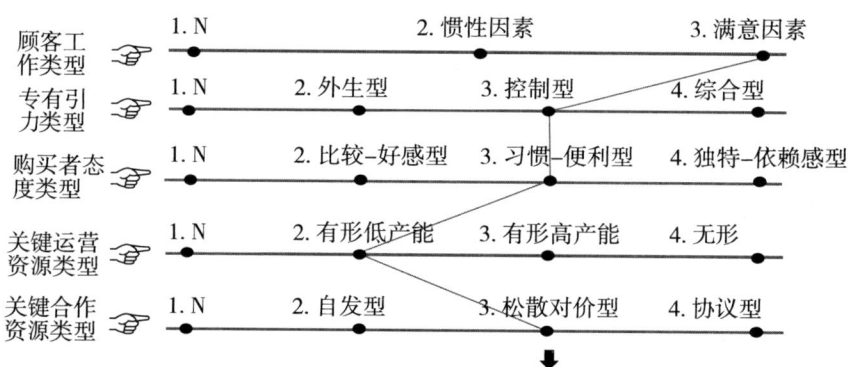

图 4-21 棋牌室型商业模式

如图 4-21 所示，顾客价值为（3，3）组合，即顾问型顾客价值；企业价值获取方式则是（3，2，3）组合，即摆摊型企业价值。

顾问型顾客价值和摆摊型企业价值的组合构成了棋牌室型商业模式。其主要特点是：企业针对目标的某个享受型工作提供服务，通过自身可控的资源创造针对顾客的专有引力，顾客对企业服务的好感主要建立在他们获得服务时的便利性感知上。企业关键运营资源为有形且产能较低，外部合作有一定的成本。

总体来讲，棋牌室型商业模式的盈利潜力与定装型模式差不多，属于中等水平，其关键影响因素是基于自身资源提供的顾客场景对顾客便利感的影响程度。此外，有产能影响的运营成本也是其盈利潜力的重要影响因素。

对棋牌室型商业模式盈利潜力进行进一步考察，会发现结构－盈利效应测评的核心问题与定装型商业模式的测评问题相同。

为充分利用棋牌室型商业模式的盈利潜力，企业有两种业务战略可以选择：

第一种，形象战略。详见搬运型商业模式的相关说明。

第二种，网络战略。这是指企业可以通过积极改进与合作者的关系，或创新合作模式，来降低或控制合作成本，提升总体盈利能力。

案例：连锁化健身馆服务的经营

健身是一种典型的满意型工作，针对这类工作的健身馆运营的商业模式大多属于棋牌室型商业模式。其主要结构特征为：

顾客与顾客工作

顾客为健身爱好者；顾客工作就是以塑形、强壮等为目的的有效训练。

专有引力支撑基础的类型

连锁化健身馆的专有引力主要建立在其训练器材、训练环境和专业教练的服务水平等因素基础上，这些因素均为可控性因素，故健身馆的专有引力为控制型引力。在运营方专有引力作用下，顾客将在健身训练的地点、时间、教练等方面形成习惯。

购买者及其态度

购买者通常为训练者本人，其偏好建立在已经形成的消费（训练）习惯基础上。

关键运营资源

健身馆的关键运营资源是其专业化设备及有专业技能和经验的教练。这是典型的低产能有形资源。

关键合作资源

与健身服务形成合作的主要服务资源包括运动饮料、运动用品等，这些互补要素的运营方通常与健身馆形成较为松散的合作关系。

十六、收藏经营型商业模式

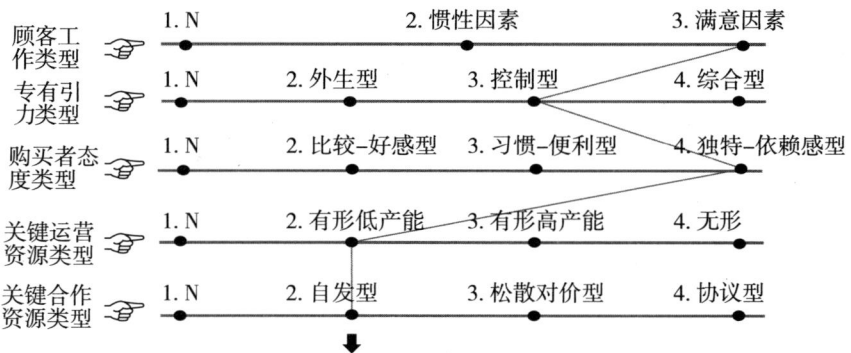

图 4-22 收藏经营型商业模式

如图 4-22 所示,顾客价值由(3,3)组合构成,这是顾问型顾客价值;企业价值获取方式则由(4,2,2)组合构成,即创意型企业价值。

顾问型顾客价值和创意型企业价值的组合构成了"收藏经营"型商业模式。其主要特点是:企业针对目标顾客的某个"享受"型工作提供服务,通过自身可控的资源创造针对顾客的专有引力,由于服务的独特性导致顾客对交易物产生依赖,企业具有较强的溢价能力,但由于关键运营资源效率较低故运营成本较高。

总体来讲,收藏经营型商业模式的盈利潜力比棋牌室型模式高,属于中上等水平,其关键红利因素建立在独特性基础上的溢价能力。

对收藏经营型商业模式盈利潜力进行进一步考察，会发现结构－盈利效应测评的核心问题如下：

（1）满意型顾客工作的规模测评。详见搬运型商业模式盈利潜力测评的相应部分。

（2）控制型专有引力的可持续性及其主要影响因素测评。

（3）上述专有引力对交易物溢价的影响能力及其影响因素测评。

（4）关键运营资源的产能规模及其影响因素测评。

为充分利用收藏经营型商业模式的盈利潜力，企业有两种业务战略可以选择：

第一种，形象战略。详见搬运型商业模式的相关说明。

第二种，差异化战略。详见郎中型商业模式的相关说明。

案例：太空旅游服务的经营

太空旅游（也包括其他一些可带来极度体验的旅游项目）服务的商业模式基本属于收藏经营型商业模式。其主要结构特征为：

顾客与顾客工作

顾客是期望获得极度体验如刺激、成就等满足感的个人；顾客工作是以获得这种体验为目的的行动。

专有引力支撑基础的类型

服务方的专有引力建立在技术实力、产品功能及服务能力等控制型要素基础上。

购买者及其态度

购买者通常为消费者本人。其关于服务商的偏好来自对后者的依赖，这种依赖建立在服务方独特的技术与服务能力上。

关键运营资源

服务机构的关键运营资源是太空飞船等特定设施设备，这是有形低产能资源。

关键合作资源

与太空旅游配套的资源可以包括医疗服务、保险服务等，这些资源可以是自发形成的，也可以是由太空机构出面组织的。

十七、布道型商业模式

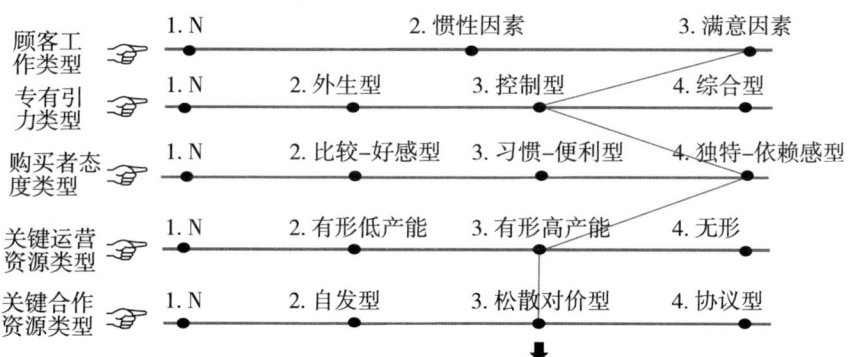

图 4-23　布道型商业模式

如图 4-23 所示，顾客价值由（3，3）组合构成，即顾问型顾客价值；企业价值获取方式则由（4，3，3）组合构成，此为分摊型企业价值。

顾问型顾客价值和分摊型企业价值的组合构成了布道型商业模式。其主要特点是：其顾客价值与上述收藏经营型商业模式相同，但企业价值获取方式则由于建立在关键运营资源性质基础上的产能差异而不同。由于产能较大，这种模式允许较大规模的生产经营。综合起来看，宗教领域的布道特征与此较为相似，故我称其为布道型商业模式。

由于产能方面的优势，布道型商业模式的盈利潜力空间要大于收藏经营型商业模式。

对布道型商业模式盈利潜力进行进一步考察，会发现结构-盈利效应测评的核心问题如下：

（1）满意型顾客工作的规模测评。详见搬运型商业模式盈利潜力测评的相应部分。

（2）控制型专有引力的可持续性及其主要影响因素测评。

（3）上述专有引力对交易物溢价的影响能力及其影响因素测评。

（4）关键运营资源效率的改进空间测评。

案例：苹果的经营

美国苹果公司自从推出 iPod 和 iPhone 以来，其经营取得了巨大成功。iPhone 手机业务的商业模式就属于布道型商业模式。其主要结构特征为：

顾客与顾客工作

顾客为手机使用者；顾客工作为寻求联络、沟通，满足社交、娱乐、自我实现等方面的行动。

专有引力支撑基础的类型

苹果的专有引力主要来自于产品的独特功能，这是典型的控制型专有引力。

购买者及其态度

购买者通常为消费者，其关于苹果的偏好建立在对该公司产品的依赖性基础上。

关键运营资源

作为经营一种实体产品的企业，苹果的关键运营资源是其制造、组装、调试系统，这属于有较高产能的有形资源。

关键合作资源

与苹果手机形成合作的资源包括手机的一些附属品如贴膜等，以及各色应用软件。总体来讲，它们与苹果的关系为松散交易关系。

十八、极地探险型商业模式

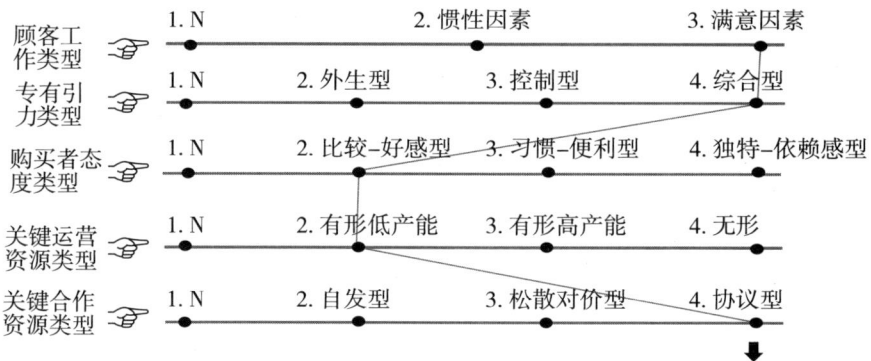

图 4-24　极地探险型商业模式

如图 4-24 所示,顾客价值由(3,4)组合构成,此为理财型顾客价值;企业价值获取方式由(2,2,4)组合构成,即分摊型企业价值。

理财型顾客价值与分摊型企业价值的组合形成了极地探险型商业模式。其主要特点是:顾客在某个享受型工作上获得的是一种较为稀缺的服务,由此获得了较为稀缺的体验。而企业获取价值则需要通过取悦顾客,通过后者的好感实现某种程度的溢价。同时,由于关键运营资源为有形且产能较低,故运营成本较高。以创造极度体验为目的的极地探险旅游业务与此较为类似,故将此模式称为极地探险型商业模式。

总体来讲,极地探险型商业模式的盈利潜力空间与哈啤型商业模式等相近,属于中等水平。

对极地探险型商业模式盈利潜力进行进一步考察，会发现结构-盈利效应测评的核心问题与定装型商业模式的核心问题相同。

为充分利用极地探险型商业模式的盈利潜力，企业有两种业务战略可以选择：

第一种，差异化战略。详见郎中型商业模式的相关说明。

第二种，形象战略。详见搬运型商业模式的相关说明。

案例：私人银行服务的经营

商业银行的私人银行业务，其商业模式大多属于极地探险型商业模式。其主要结构特征为：

顾客与顾客工作

顾客为私人银行客户（通常被冠以钻石客户、金××客户等）；顾客工作是寻求资金的最大回报。

专有引力支撑基础的类型

私人银行针对其客户的专有引力，既有其内部可控因素如服务的专业性、体贴性等，也有外部依赖因素，如某些资质、服务网点的位置等，故其专有引力为综合型。

购买者及其态度

购买者就是客户本人，其对私人银行的偏好建立在后者的独特性水平及由此导致的客户对服务方的依赖性上。

关键运营资源

私人银行的关键运营资源是其内部的专业服务人员，即客户经理。由于其高水平服务需要专业知识、信息及长期积累的经验，有较高专业能力的客户经理的产能通常有限。

关键合作资源

与私人银行形成合作的资源，如品鉴、健康服务等，往往是自发形成的。

十九、蟠桃型商业模式

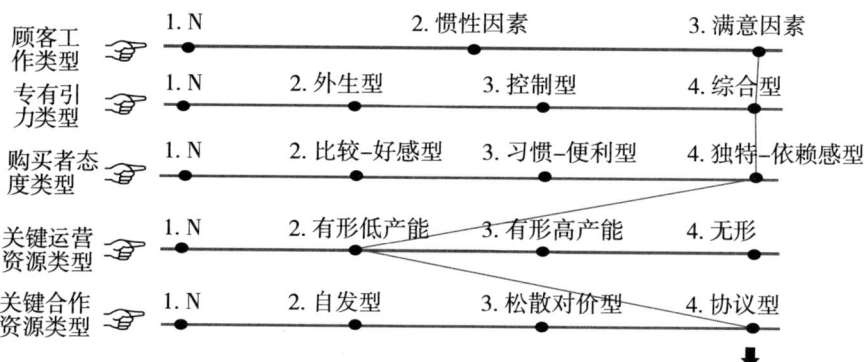

图 4-25 蟠桃型商业模式

如图 4-25 所示，顾客价值由（3，4）组合构成，这是一种理财型顾客价值；企业价值获取方式由（4，2，4）组合构成，这是创意型企业价值。

理财型顾客价值与创意型企业价值的组合形成了蟠桃型商业模式。其主要特点是：顾客在某个享受型工作上获得的是一种较为稀缺的服务，由此获得了较为稀缺的体验。由于体验的独特性，顾客对企业服务形成依赖感。企业产能较低，其外部合作网络组织化程度较高。《西游记》中王母娘娘的蟠桃盛宴所提供的服务和形成的顾客体验与此较为相似，故我将此模式称为蟠桃型商业模式。

总体来讲，此模式由于高度的溢价能力，其盈利潜力空间相对此前其他模式均要高，属于高利润潜力模式。

对蟠桃型商业模式盈利潜力进行进一步考察，会发现结构-盈利效应测评的核心问题是：

（1）满意型顾客工作的规模测评。详见搬运型商业模式盈利潜力测评的相应部分。

（2）控制型专有引力的可持续性及其主要影响因素测评。

（3）上述专有引力对交易物溢价的影响能力及其影响因素测评。

为充分利用蟠桃型商业模式的盈利潜力，企业有两种业务战略可以选择：

第一种，形象战略。详见搬运型商业模式的相关说明。

第二种，封锁战略。这一战略的核心在于强化外生型资源的排他性，由此支撑企业服务独特性的持续。

案例：分时度假开发商的经营

分时度假就是把酒店或度假村的一间客房或一套旅游公寓的使用权分成若干个周次，按10年至40年甚至更长的期限，以会员制的方式一次性出售给客户，会员获得每年到酒店或度假村住宿7天的一种休闲度假方式。会员通过交换服务系统，可以把自己的客房使用权与其他会员异地客房使用权进行交换，以此实现低成本到各地旅游度假的目的。显然，掌握稀缺资源如唯一性的景观位置、排他性准入制度等要素特征就比较近似蟠桃型商业模式。其主要结构特征为：

顾客与顾客工作

这里的顾客是有分时度假需求的家庭或个人；顾客工作就是获得独特的景观体验、高端休闲和健康促进。

专有引力支撑基础的类型

开发机构对其客户的专有引力，既有其内部可控因素如品牌影响、服务的高质量等，也有外部依赖因素，如某些资质、位置（景观）的唯一性等，故其专有引力为综合型。

购买者及其态度

购买者通常就是客户本人，其对分时度假开发机构的偏好建立在后者的独特性水平及由此导致的客户对服务方的依赖性上。

关键运营资源

分时度假开发商的关键运营资源为设计能力、融资能力、稀缺的土地资源等。

关键合作资源

与分时度假配套的资源包括金融机构（主要是商业银行）、医疗保健服务与娱乐服务资源等。

二十、做庄型商业模式

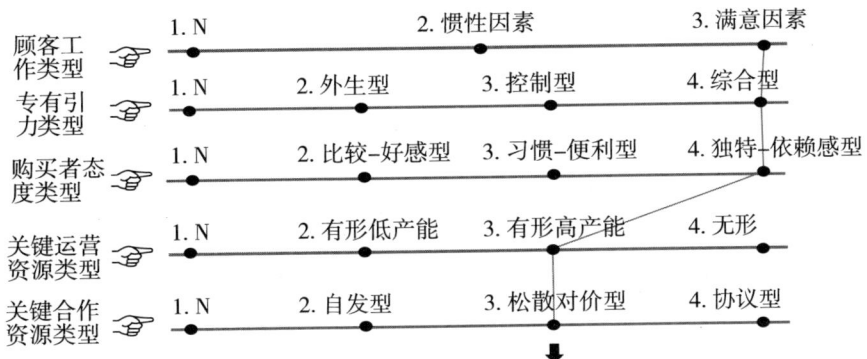

图 4-26　做庄型商业模式

如图 4-26 所示，顾客价值由（3，4）组合构成，即理财型顾客价值；企业价值获取方式由（4，3，3）组合构成，分摊型企业价值。

理财型顾客价值与分摊型企业价值的组合形成了做庄型商业模式。这里的顾客价值与上面的蟠桃型模式一样，但在运营资源的效率上与后者存在差异，企业获利途径比蟠桃型模式更丰富，我们将此模式称为做庄型商业模式。

总体来讲，此模式属于高利润潜力模式。其盈利潜力空间比蟠桃型模式要更大一些。

对做庄型商业模式盈利潜力进行进一步考察，会发现结构 - 盈利效应测评与蟠桃型模式相同。

为充分利用做庄型商业模式的盈利潜力，企业有以下业务战略可以选择：

第一,形象战略。详见搬运型商业模式的相关说明。

第二,封锁战略。详见蟠桃型商业模式的相关说明。

案例:迪士尼的经营

全球闻名遐迩的迪士尼公司(The Walt Disney Company),取名自其创始人华特·迪士尼(Walt Disney),是总部设在美国伯班克的大型跨国企业,主要业务包括娱乐节目制作、主题公园、玩具、图书、电子游戏和传媒网络。迪士尼主题公园业务的商业模式属于做庄型商业模式,其主要结构特征为:

顾客与顾客工作

顾客是游玩的孩子;顾客工作则是获得快乐、刺激,此外还提供许多独特的娱乐体验。

专有引力支撑基础的类型

迪士尼的专有引力首先来自其独特的创意、道具等场景要素,同时也与地理区位有关。前者属于可控型因素,后者则是外生型因素。故其专有引力为综合型。

购买者及其态度

购买者一般为孩子的父母。购买者的偏好主要建立在迪士尼的独特性基础上,这种独特性导致购买者对迪士尼产生依赖。

关键运营资源

迪士尼的关键运营资源是其主题公园,这是一种有形资源。当然,该资源的产能可随着公园面积的增加而扩张。需要说明的是，迪士尼的关键资源还包括其品牌、音频与视频产品等，这些均为无形资源，但相比之下，主要资源是其公园。

关键合作资源

与迪士尼形成合作的服务资源包括交通服务、一些衍生品服务等。总体上讲，迪士尼与之形成的关系为松散协议型关系。

二十一、生态型商业模式

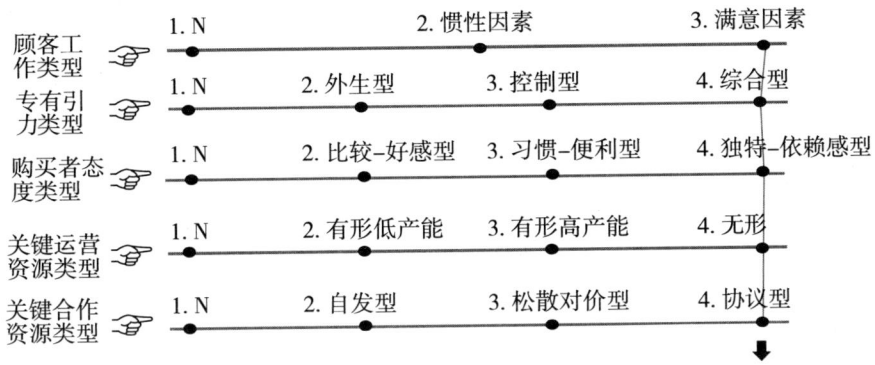

图 4-27　生态型商业模式

如图 4-27 所示，顾客价值由（3，4）组合构成，这是一种理财型顾客价值；企业价值获取方式由（4，4，4）组合构成，这是盟主型企业价值。

理财型顾客价值与盟主型企业价值的组合形成了生态型商业模式。其主要特点是：顾客在某个享受型工作上获得的是一种稀缺（唯一性）服务，由此获得了较为稀缺的体验。与前面大多数商业模式不同，此模式下企业的关键运营资源为无形资源，这意味着其产能在理论上是无限的（实际的情况会有所差异，原因是企业还会需要其他运营资质，这些资源的产能不可能达到无穷级）。总体来讲，此模式属于高利润潜力模式。

对生态型商业模式盈利潜力进行进一步考察，会发现结构－盈利效应测评与蟠桃型模式相同。

为充分利用生态型商业模式的盈利潜力，企业有三种业务战略可以选择：

第一种，形象战略。详见搬运型商业模式的相关说明。

第二种，封锁战略。详见蟠桃型商业模式的相关说明。

第三种，生态战略。这是指企业可以通过构建商业生态的方式建立更为强化的服务能力和差异化优势，由此支持更为显著和持续的溢价能力。

案例：维尔福的经营

维尔福软件公司（Valve Software，下文称 V 社）是 1996 年成立于美国华盛顿州西雅图市的一家专门开发电子游戏的公司，代表作品有《反恐精英》《求生之路》《Dota 2》等。V 社的商业模式属于典型的生态型商业模式，其主要结构特征为：

顾客与顾客工作

主要顾客是游戏玩家，此外，游戏开发者群体也是该公司的目标顾客，这是典型的双边市场格局。主要顾客的工作是获得成就感和刺激。请注意：从公司角度看，玩家的工作是满意型的，而游戏开发者的工作则是惯性型的。这里的玩家是主要顾客。

专有引力支撑基础的类型

V 社对顾客的专有引力首先来自它的产品优势，其次来自网络文化的影响。故其专有引力既有控制型因素支撑，也有外生型因素支撑。

购买者及其态度

购买者基本上是玩家本人，他们对该公司的主要游戏产品如《Dota 2》的偏好建立在对产品的高度依赖上。

关键运营资源

V 社关键运营资源是其 Steam 数字化平台。该平台于 2003 年 9 月 12 日推出，提供数字版权管理、多人游戏、流媒体和社交网络服务等功能。2014 年 V 社宣布 Steam 已经突破 1 亿注册账户，有超过 7500 万个活跃的用户。

关键合作资源

在 V 社上架的游戏，其一系列周边资源，包括游戏竞赛组织、线下 IP 产品等通常都与 V 社存在合作协议关系，由此形成协议型互补合作网络。

商业模式的强度测评 05

本章中你将了解:

- 商业模式强度测评的含义与价值
- 商业模式规则的概念
- 什么是规则强度、刚度与精度
- 商业模式规则的分类方法
- 商业模式规则的9种类型及其基本性质

05 商业模式的强度测评

强度测评的目的与价值

我们知道,一个客观存在的商业模式的功能相当于一个容器,其蓄水量代表了该模式的盈利潜力。商业模式的结构测评就是判断一个具体模式的容积大小,以及这个容器各个板块的特征。可以理解的是:容器的体积大小并不代表该容器的牢固程度,单有容积大这一特征并不能充分说明该模式是一个好模式,大而脆弱的模式显然不是一个好模式。强度测评就是针对商业模式容器的牢固程度而提出的。

在商业模式测评体系中,强度是针对规则而提出的一个核心指标。商业模式的强度测评就是对作为商业模式底层材质的规则的基本属性进行测评,目的是评估一个客观存在的商业模式的稳定程度,这个稳定程度取决于商业模式的构成规则本身的稳定程度,以及他们对相应的商业模式要素的支撑牢固程度。商业模式强度测评是商业模式测评的三个基本问题之一,具有十分重要的价值。

第一个价值,精确掌握一个企业的商业模式的潜在风险。规则是商业模式的最底层材质，或者说，它是商业模式的最基础的构成元素，但这个基础构成元素迄今为止基本上处在大多数人的视野之外。正因如此，大多数人也就难以及时判断出商业模式的真正风险所在。事实上，当一种制度或社会规则发生变化时，很可能会对众多企业的商业模式产生影响，如使一些模式原有的规则遭到破坏因而失效，或使一些商业模式的构成规则强度下降，导致风险增加。

　　第二个价值，及时甚至超前捕捉商业模式创新的机遇。与风险评估一样，通过商业模式的规则测评，可以及时捕捉、归纳、整理商业模式创新的机遇，当有关机遇出现时，可以快速转化为商业模式创新的行动。

商业模式的规则体系

一、规则的概念

规则是指对人类社会和自然界产生引导支配作用的所有东西，包括制度、文化、习俗、法律、风尚、技术标准、使用说明、操作指南、原理、规律等。规则按其作用的领域分为三大类别：社会规则、技术规则和自然规则。社会规则是指作用于人的行为的制度、规范、条例和章程等，是得到共同认可和遵守承诺的东西，国家标准就是最典型的社会规则。技术规则是作用于人造物的原理、工艺、方法等。自然规则是指自然界存在的客观规律。

不同的规则具有不同的制约范围，也就是遵守这些规则的群体范围。宗教教义其实就是各种各样的规则，但这些规则的制约范围只在宗教影响的群体之中。一项技术标准是一种规则，这个规则只在使用这一技术的群体中适用。

规则具有派生性：一个规则的存在可能会派生出后继的其他

规则，我们称前者为源规则，后者为派生规则。在工程技术领域，规则派生现象比较常见。比如车联网技术的标准化，将催生出一系列与之相应的各种新规则，如新标准、新规范等，涉及传感产品设计、车载设备设计制造、音像内容下载、自动控制元器件设计制造等领域。

相比之下，社会习俗、政策法律等源规则，形成派生性规则的过程就相对模糊一些。比如尽管人们知道，政府重大的科技产业政策出台总会促发新技术的出现，但什么样的新技术能够成为主导技术，判断起来相对困难。

已有的规则总是要被人们发现和利用。当已有的规则都已经被先到者捡去当成容器材质，打造各种商业模式时，有进取心又有智慧的后来者就应特别关注那些新出现的、尚未被其他人注意的规则"材料"，用以砌成自己的创新性商业模式。

1. 回放的审视

乔布斯的苹果帝国创造、利用了哪些规则？

- 人们对移动式小屏幕产品的接受（社会规则）。
- 数字播放音乐技术（技术规则）。
- 人们对方便地欣赏海量音乐的认同甚至渴望（社会规则）。
- 影像制品销售的分账制度（社会规则）。
- 基于互联网的零配件外包技术（技术规则）。

2. 前瞻的审视

据调查，随着现代城市文明的演化，职场中有近六成人很"自闭"。

- 他们喜欢独往独来（社会规则）。
- 懒于表达，与同事没什么话可说（社会规则）。
- 不喜欢电话沟通，而乐于选择邮件等虚拟途径（社会规则）。

如果上面我们引述的事实可以在更大范围内得到证实，那么这就是一个严格意义上的已出现的规则。在其他人没有意识到这可能可以作为商业模式构建的规则以前，它就是一个新规则。如果它能够被应用到某个商业模式构建中去，那么它的商业价值就得到了实现。

二、规则的功能

规则的功能，体现在它们对主体活动的引导约束上。由于任何一种活动都将产生或改变该主体与其他主体的关系，因此规则也可理解成它是创造或维系某个关系的一个要素。习俗作为一种规则，对人类某些领域的活动如礼节活动、社交活动等具有相当深刻的影响。而工艺技术作为另一种规则，则对生产过程活动产生强制性影响。

三、规则的类型划分

构成商业模式的规则可以根据不同依据而划分。在商业模式视角下，我们特别关心以下细分变数。

- 技术规则（各种原理、标准、配方、工艺、平台接口规范要求等）。
- 组织规则（制度、政策、法律等）。
- 心理规则（信仰或信念、习俗包括禁忌、惯例、时尚等）。
- 自然规则。

四、商业模式各板块规则的主要类型

商业模式各板块的功能各不相同，其构成规则的形态结构也不相同（见表5-1）。

1. 顾客价值定位板块的规则构成

该板块的规则是围绕目标顾客的思想和行为而形成的。这些规则组合起来，形成对"顾客价值源泉"这面墙体的材质。由于价值源泉的大小取决于顾客价值感知和顾客问题产生的频率，因此"顾客价值源泉"板块的规则就有两大类：第一类，顾客问题的背后，是顾客的工作规则——工艺技术、消费过程的惯例、习俗等规则；第二类，顾客价值感知的背后，是有关的工艺技术要求、消费信念、时尚潮流等规则。

2. 顾客工作情景板块的规则构成

该板块规则主要围绕顾客工作情景的顺利上演而形成。顾客价值的实现，建立在顾客重复性地运用由核心企业主导提供的工作场景上。这个场景要想持续上演，并受到顾客的欢迎，就必须有相应的规则支撑。如以产品使用说明书或操作指南等形式出现的技术性规则，就约束了顾客这一角色的行为不偏离剧本要求。此外，约束互补者等配角行为的规则，如产品功能规定、有关法律法规要求等，也是这一板块的主要规则形态。

3. 内部运营板块的规则构成

内部运营板块是商业模式中自主程度最高的一个板块，也就是说，该板块构成规则中，自创型规则的比例相对较高。这些规则主要围绕支撑企业内部的运营活动体系顺利平滑地实现而形成。这当中，企业关键流程的工艺技术是最主要的技术形态的规则。此外，有关的考核奖励制度、培训、并购、管控等制度形态规则也是主要的规则构件。

4. 盈利模式板块的规则构成

该板块规则主要围绕麻痹顾客对价格的敏感——也就是所谓圈地业务，以及溢价收割——也就是获取企业价值两类行为而形成。前者涉及诸如惯例、习俗、信仰信念等作用于顾客主观意识的心理规则，后者则涉及支付技术、结算制度与流程体系等技术形态的规则。

5. 合作网络板块的规则构成

该板块规则主要围绕吸引合作者扩大其贡献，并防止合作者过度瓜分企业价值而形成。前者包括平台技术或核心企业的特定优惠制度，这些形态的规则将产生吸引互补型合作者的作用。后者涉及诸如信仰、沟通技术、惯例等类型的规则，以支持核心企业与嵌入型合作者的关系维护。在这里把信仰归入板块规则，是因为在一些情况下，核心企业事实上就是通过类似信仰等形态的规则，防止了其上游供应者的价值获取。比如一些卷烟企业在获得优质烟草方面，一方面通过以资金、技术形式扶持烟草种植户，获取其好感；另一方面，也通过灌输"种植烟草获益远高于其他农作物"这样的信念来防止高价。

表5-1 商业模式各板块的规则构成

板块	角色	活动类别	规则类型
顾客价值主张	企业	1.搜索：选择对象 2.定位：确认某项工作，澄清该项工作中的痛点	决策沟通机制 技术文化 信息平台技术标准及其应用制度
	服务对象	前因活动： 导致对象开展某项工作的活动（睡眠导致"催眠"；质量控制导致检测；劳动导致"放松"）	工艺技术规则 （服务对象的）组织运作流程 （服务对象的）习俗、时尚、信念等
顾客问题解决方案	服务对象	目的性消费：消费某种产品与服务，以顺利完成该项工作，消除痛点，获得某种满足	作为工作工具的产品使用说明（或应用指南），接受企业及其合作者服务的条款、协议、指南等
	企业	1.提供产品：为服务对象提供某种工具，以便他们开展工作 2.提供服务：为服务对象提供某种服务，配合他们开展工作	供服务对象使用的产品技术原理、服务流程规范、与服务对象沟通的平台技术标准等
	合作者	1.提供产品：为服务对象提供某种工具，以便开展工作 2.提供服务：为服务对象提供某种服务，配合开展工作	同上

（续表）

板块	角色	活动类别	规则类型
盈利来源	企业	1. 提供收割物 2. 提供掩护物	供收割对象使用的产品技术原理、服务流程规范、与服务对象沟通的平台技术标准等
	合作者	提供掩护物	同上
	收割对象	1. 支付 2. 享受掩护物	结算制度与流程规范 惯例、习俗、组织内部的某个业务流程规范等，这些规则将影响到收割对象享受掩护物的情况或满足状况
内部运营	企业（价值链）	1. 存量活动 = 直接活动 + 辅助活动	内部运营的制度、规范
		2. 增量活动：导致产能扩张的活动如提升单点效率或提升复制效率	核心资源的功能原理 支持扩张的制度培训、调度协调规范等
合作网络	企业	1. 吸引：提供合作条件，形成合作基础 2. 交易：针对具体合作行动的结算	平台技术原理、平台接口标准、合作意识与文化、合作协议（合同）等 结算价格协议、结算方法等
	垂直合作者	1. 单点配合行动 2. 扩张配合行动	同企业内部运营板块规则类型
	水平合作者	1. 单点配合行动 2. 扩张配合行动	同企业内部运营板块规则类型

商业模式的强度及其类型

一、规则强度

构成商业模式底层材质的规则，有两个指标值得关注：

1. 规则精度

规则精度是指该规则所作用的人或物，其实际行为与规则要求的行为这二者的一致程度。一致程度越高，规则精度就越高。一般讲，技术类规则的精度要高于非技术类规则。

2. 规则刚度

规则刚度是指该规则本身的稳定程度，也就是该规则合法性的稳定程度。任何一个规则都有可能随着时间的流逝而逐步或突然被其他规则所替代而失去其合法性，技术规则、法律法规、时尚、习俗等形式的规则都是如此。

规则强度是指一个规则，如某个技术标准，能够持续影响其作用对象的行为的程度。显然，规则强度同时受其精度和刚度的影响（如图5-1所示）。

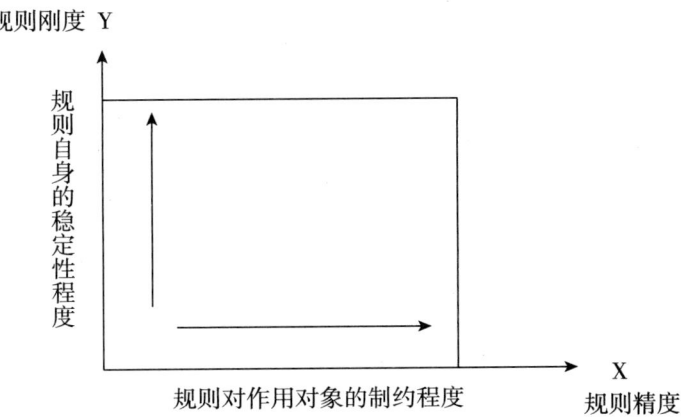

图 5-1　规则强度坐标系

公式：规则强度 = 规则精度 × 规则刚度。

二、规则强度的类型

根据图 5-1 所示，某个商业模式的构成规则可以从其精度和刚度两个方面来进行测评，不论是精度还是刚度，都可以划分为低、高及难以判断等三类。由此形成了表 5-2 所示的 9 种规则类型。

表 5-2 商业模式构成规则的 9 种类型

刚度＼精度	低	高	难以判断
低	脆弱规则	急促规则	模糊规则
高	惰性规则	强规则	效用不定规则
难以判断	风险规则	稳固不定规则	实验规则

1. 脆弱规则

这类规则精度与刚度均较低，不论其自身的稳定性还是作用力均较为脆弱，故称之为脆弱规则。一些作用于消费者偏好的流行风气，经常成为这类规则。

2. 急促规则

这类规则精度高而刚度较低，即对作用对象的影响度较高，但自身不太稳定。这是一种作用较强但快速失效的规则，故称之为急促规则。一些快速升级的技术标准是这类规则的典型代表。

3. 模糊规则

这类规则刚度较低且精度难以确定，即一种效力不确定的非稳定规则，故称之为模糊规则。一些作用于贷款、购房者行为的地方性法规是这类规则的一个实例。

4. 惰性规则

这类规则刚度较高而精度较低，也就是较稳定的低效力规则，故称之为惰性规则。一些作用于居民个体行为的习俗、传统意识等在某些场合有可能会形成这类规则。

5. 强规则

这类规则刚度和精度均较高，显然这是一种高强度规则，故称之为强规则。一些技术原理如热力学原理、空气动力学原理等是其典型代表。

6. 效用不定规则

这类规则刚度较高但精度难确定。某些法律条文有可能会成为这类规则。

7. 风险规则

这类规则刚度不确定且精度较低。它们对作用的影响具有较大的不确定性。一些流行的时尚如IP符号或松散的合作协议等有可能成为这类规则。

8. 稳固不定规则

这类规则刚度不确定但精度较高，也就是其稳定性不确定但作用效力较高。同样，一些流行偏好如权威机构发布的流行色、网上流传的"健康食谱"等有可能成为这类规则。

9. 实验规则

这类规则的刚度和精度均较难判断，对企业的商业模式来讲，这相当于是一个实验性因素，故称其为实验规则。

06 测评总结与结果应用

本章中你将了解：

- 商业模式测评的总体技术路线
- 商业模式测评各个环节的行动指南
- 商业模式测评结果的主要应用

商业模式测评的总体路线

商业模式测评包含特征测评、结构测评和规则测评这三个部分，总体测评路线如图 6-1 所示。

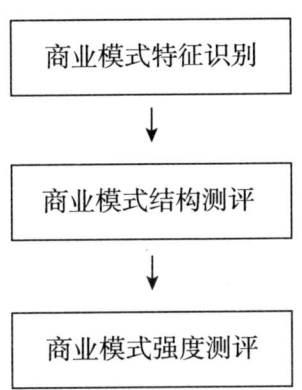

图 6-1　商业模式测评的总体路线

一、特征识别阶段行动指南

1. 测评目的与结果

商业模式特征识别的目的，是识别出企业业务所具有的基本经营特征。这个测评识别的结果，是我们在第三章中归纳出的 11 种基本业务模式中的一个。

特征识别可以使人们得出测评对象企业的经营属于何种"业态"，换句话说，可以帮助人们识别该企业的业务真正属于哪个"圈子"，这对于快速准确地判断该企业运营的基本影响因素和作用机理是十分重要的。

2. 测评的依据

特征识别的依据，就是测评对象的产出属性，具体而言，就是围绕该产出的两个方面属性测评：

（1）形态属性：产出物，也就是交易物是金融资产、实物资产、无形资产还是人力资产（人力技能资产）。

（2）权利属性：伴随交易的实施，买方获得的是所有权、使用权还是接触权。

3. 关键注意事项

（1）商业模式特征识别是以企业的交易物属性分析为核心的，因此首先要注意正确定位企业的交易物。在互联网时代，企业真正的交易物在越来越多的情况下会呈现出某种隐蔽性。俗话所说的"挂羊头卖狗肉赚猪肉钱"就是说的这种情况。解决问题的基本办法，是看企业的财务报表，产生主营业务收入的那个项目就是这里所说的交易物，它分为有形产品和无形产品两种形态。

（2）要注意平台模式与租赁模式的差异：平台模式是指通过平台向双边（如买方与卖方）或多边提供接触权，这里的平台可以是实体平台如苏宁的连锁店体系、万达广场体系等，也可以是虚拟平台如淘宝网、瓜子网等。收取的费用可以有多种形式如返点费、会员费等。租赁模式是向顾客提供各种形态的资产的使用权，以租金形式收费。这里的资产可以是有形资产如机器设备、房产等，也可以是无形资产如数据、云服务等。

二、结构测评阶段行动指南

1. 测评目的与结果

商业模式结构测评的目的，是澄清一个现实业务的商业模式各个板块要素的类别及其属性。这个测评的结果，是我们在第四章中给出的五个维度类型的组合，其主要组合如第四章最后一节给出的 21 种模式所示。

结构测评是商业模式测评的主要工作，从这个测评可得出商业模式结构特征，而这个结构特征直接影响到企业利润支撑系统的构造状况，进而影响到企业利润潜力空间的大小。这方面测评对于企业估值、风险评价、模式重塑等重要的经营决策具有重要和不可替代的作用。

2. 测评的依据

结构测评的依据，是商业模式五个板块也就是企业利润支撑系统五个要素的类型测评，这五个板块要素是：

（1）顾客工作类型。

（2）企业专有引力类型。

（3）购买者态度类型。

（4）关键运营资源类型。

（5）关键合作资源类型。

3. 关键注意事项

（1）上述五个要素的类型是指真实存在的要素的类型。要避免用企业设想的要素来代替真实存在的要素。

（2）五个要素都有所谓的 N 类型，这是指不属于其他类型的要素类型。在现实中，由于商业模式的外生型（详见《商业模式原理》）的存在，N 型要素的存在是完全有可能的。

（3）总体来讲，在商业模式结构图谱（图 6-2）中，偏右侧的模式具有较高的盈利潜力，中间部分为中等水平盈利空间的模式区，左侧则是利润潜力空间较小的模式区。要注意的是：具有高利润潜力的商业模式，其构建也是较为困难的，原因是这些模式的成型需要企业具备一定的创新能力与创新资源、技术能力与技术资源；换句话说，低盈利潜力的商业模式，往往其构建成本也相对较低。一些具有低利润潜力的商业模式构建甚至几乎无成本，这也是现实世界中低利润潜力的商业模式多于高利润潜力商业模式的一个重要原因。

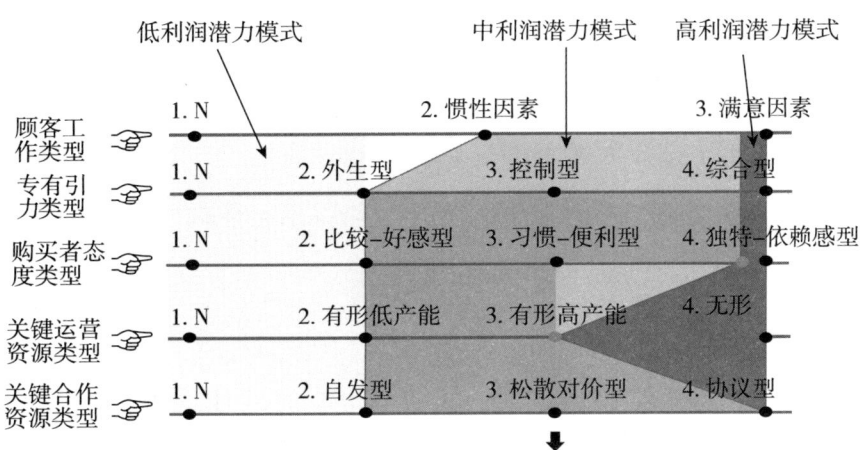

图 6-2　具有不同利润潜力空间的商业模式群

三、强度测评阶段行动指南

1. 测评目的与结果

商业模式强度测评的目的，是要澄清该模式的牢固程度。这个问题在容器模型下可以得到比较直观的解释：商业模式的强度越高，积蓄利润潜力的容器就越牢固。

强度测评的结果就是判断出该模式的主要规则属于第五章所示的 9 种规则中的哪一种。

2. 测评的依据

强度测评的依据就是各个板块要素背后的规则。确认这些规则后，再逐一测评其类型。

3. 关键注意事项

（1）对于一个确定的商业模式要素如某种类型的顾客工作，

其背后的支撑规则可能不止一个,需要逐一确认这些规则并判断何为主要规则。规则强度是由主要规则的强度决定的。

(2)当全部要素相关的规则强度测评完之后,需要对全部要素规则的强度进行加总评估,这样才能得出整体商业模式的强度状况。

测评结果的应用

商业模式的测评结果具有多角度的应用价值,这里的"多角度"是指多个不同的主体对于商业模式的测评结果,可分别形成对各自有特殊意义的应用价值。

一、企业决策层的应用指南

这里的企业既包括已经运营的在位企业,也包括刚设立的初创企业,甚至还包括创业团队。

不论是哪个层次的企业决策层,商业模式创新、重构都是其首要的经营管理职能。当一个企业决策人了解掌握了商业模式测评结果之后,他们可以进行以下的测评结果应用。

1. 特征模式测评的应用

特征模式的测评可以帮助决策层总体上把握本企业的定位,据此了解行业发展的趋势、关键业绩因素。更重要的是,可以更加准确地定位自己的对标企业,实现精准的管理改进工程。

2. 要素模式测评的应用

商业模式作为企业的利润支撑系统，它是对企业的经营决策具有最直接影响的亚微观环境，因此，根据要素评估结果，决策者可以完成以下工作：

（1）作为传统意义上五要素产业结构模型的深化，在越来越多的场合，商业模式所蕴含的环境信息对了解企业的经营机会、市场空间、反竞争壁垒等提供了更为具体和系统的信息。要素商业模式可以和上述五要素模型一道，形成更有层次的环境分析与机会识别工具。

（2）有效开展商业模式重塑或商业模式创新。通过要素测评了解自身商业模式的优势与短板，据此可以支持决策层针对其商业模式开展更有效的重塑或创新行动。

（3）进行更加精准的业务战略设计。

任何一种有效的业务战略均需要与其特定的环境形成匹配关系。我们已经知道，商业模式作为企业的利润支撑系统，其实就是企业的亚环境，它对企业业务战略的设计与实施具有最直接的影响与作用，以此为依据的业务战略将能够最大程度地挖掘企业客观的利润潜力，使价值创造达到最优。

（4）推动更加高效的管理控制作业。

在精准的战略设计基础上，测评结果还可用于对关键业绩因素的再定位，使企业的管控系统建立在更加坚实的基础之上。

3. 规则模式测评的应用

（1）帮助企业决策者准确清晰地了解与商业模式有关的风险

所在，以及导致这些风险发生的起源是什么。

（2）帮助企业决策者预先判断商业模式创新的机会并提供创新思路。

二、投资者应用指南

商业模式测评对于投资人来讲，其应用问题是十分简明的，主要体现在以下两个方面：

1. 对潜在投资对象的价值评估

三类测评结果组合起来，可以形成一个关于企业商业模式的完整信息，这些信息对于对象企业的价值估值可发挥独特的支持作用。不论对于在位企业还是初创企业，其商业模式决定了其利润潜力空间的大小及稳定程度，这对于正确估值一个对象企业所具有的作用是传统意义上的财务数据所无法提供的，何况在许多情况下，人们需要估值一个对象企业时可能无法获得所需的财务数据。

2. 投后孵化

同样地，三类测评结果对于股权投资人的投后孵化将产生重要作用。这里的孵化，核心就是如何改进、完善甚至创新对象企业的商业模式。

要素商业模式指出了一个企业商业模式的结构特征，了解它才谈得上改进并利用它，这就像只有掌握了房屋的结构信息，才能设计、实施装修工程一样。

三、研究者应用指南

1. 特征模式测评的应用

对于研究者来讲，了解研究对象的特征商业模式，可以帮助他们开展有关的行业背景分析、产业演化研究、标志性案例收集、与对象企业匹配的标杆企业定位等基础研究工作。

2. 要素模式测评的应用

研究者对于某个对象企业的要素商业模式有所了解，就可以对其利润支撑系统的结构特征形成较为完整的认识，对于他们研究对象企业的发展趋势、既往业绩的实证分析（尤其是关于机理的实证分析）、战略创新与相应的组织创新等均可提供独有的帮助。

3. 规则模式测评的应用

了解对象企业的规则商业模式，也就是其利润支撑系统的构成规则体系，对于研究者分析识别企业的潜在风险、商业模式创新机遇与创新方向等均可发挥重要的支持作用。如互联网技术的发展、区块链技术的发展，都可视为技术规则方面的发展，由于规则是任何一个企业商业模式的底层材质，或者说利润支撑系统各个要素的支撑材料，因此新规则的出现将成为各类企业进行商业模式创新的机会，研究者可以有针对性地分析这些规则创新对商业模式创新的影响，由此得到独特的分析结论。